Haut potentiel
Du boulet au cadeau

Mise en page: Vincent Abitane – Studio Prépresse
D/2015/4910/5   ISBN: 978-2-8061-0209-6

© Academia – L'Harmattan s.a.
Grand'Place, 29
B-1348 Louvain-la-neuve

Tous droits de reproduction, d'adaptation ou de traduction, par quelque procédé que ce soit, réservés pour tous pays sans l'autorisation de l'éditeur ou de ses ayants droit.

www.editions-academia.be

Catherine Devreux

Haut potentiel
Du boulet au cadeau

Illustrations de Pierre Hector

Remerciements

Je voudrais dédier ce livre à Michel, mon mari, qui a toujours été à côté de moi dans mes moments plus difficiles. Il a aussi accepté le changement qui s'est opéré en moi qui a entraîné une crise au sein de notre couple. Mais nous nous sommes relevés pour continuer le chemin à deux.

Je voudrais aussi dédier ce livre à chacun de mes enfants : Déborah, Arnaud, Benjamin et Tiffany. Ce sont aujourd'hui des jeunes extraordinaires qui ont souvent aussi dû supporter une maman… particulière.

Une pensée toute particulière à Véronique, amie depuis de si longues années qui m'a aussi tellement encouragée dans mes nombreux projets et qui a toujours le mot qu'il faut au bon moment.

Merci à Amandine pour ses précieux conseils en écriture.

Je n'ai pas non plus envie d'oublier les personnes qui travaillent ou ont travaillé avec moi à Relaxeau depuis son lancement, que des mercis pour cette passion partagée.

Introduction

J'ai été moi aussi emmurée dans un haut potentiel dont je ne savais rien. J'ai été aux prises avec une angoisse terrible, me demandant sans cesse si j'étais folle, malade ou si c'étaient les autres qui ne tournaient pas rond. J'ai souffert d'une différence que je ne parvenais pas à m'expliquer, de ne pas pouvoir m'exprimer, trouver mes marques, comprendre les codes. Et puis un jour, tout s'est éclairci. J'ai découvert le haut potentiel, je me suis découverte, et j'ai découvert que j'avais tout, et même plus, pour être heureuse.

Ils sont nombreux, ces adultes à venir me voir un peu mal à l'aise, sans élever le ton, en mettant des conditionnels à toutes leurs phrases. Ils n'osent pas vraiment exprimer ce qu'ils imaginent, ils ont peur d'être jugés, ils craignent de se tromper. Mais ils viennent me voir, moi psychologue spécialisée dans le haut potentiel, parce qu'une petite voix en eux crie que ça doit être ça, en tout cas, ça y ressemble suffisamment pour qu'ils sautent le pas. Ils viennent me voir avec leur angoisse, la peur de mon jugement. Et je leur explique qu'être « HP », comme on dit ici en Belgique, ce n'est pas être plus intelligent que les

©2014 Pierre Hector

Quand le haut potentiel est compris, c'est un formidable cadeau !

autres, et que se croire HP, ce n'est pas être prétentieux. Je leur parle de leur différence, je la connais, je la vis aussi.

Je mets des mots sur leur malaise en société, l'incapacité qu'ils ont à trouver leur place depuis des années, leurs déboires professionnels, leur besoin d'absolu.

Parfois, ils viennent d'abord pour leur enfant.

Parce que l'institutrice a bien remarqué que *cet enfant-là* n'est pas comme tout le monde, qu'elle a envisagé plusieurs pistes et que le haut potentiel figure parmi elles.

Parfois, les parents ont déjà traîné leur petit bout chez plusieurs collègues psychologues, psychiatres, neurologues, ou logopèdes.

Souvent, ils n'osent pas trop y croire non plus. *Mon enfant serait plus intelligent?*

En consultation, passée l'étape du dépistage, j'apprends à ces *zèbres* (nous reviendrons plus tard sur la terminologie), petits et grands, qu'ils sont faits de magnifiques rayures et qu'ils sont plein de talents.

À eux de les exploiter, mais ils ont toutes les cartes en main.

Ensemble, nous relisons leur passé, nous essayons de comprendre. Et puis on va vers l'avenir.

Avec ce livre, je veux vous faire découvrir ce que moi-même j'ai dû un jour découvrir: le haut potentiel est un formidable cadeau. Il suffit de savoir l'utiliser…

Car c'est bien ce qu'est le haut potentiel, une force!

Ce livre vient s'ajouter à la longue liste de livres déjà écrits sur le sujet. Il s'en distingue par une autre approche de la compréhension du haut potentiel, mais aussi par une mise en évidence de différents profils. Il est issu à la fois de ma pratique professionnelle, en tant qu'enseignante puis psychologue spécialisée dans les enfants, ados et adultes à haut potentiel. Il puise également dans mon histoire de vie, HP diagnostiquée sur le tard.

Un diagnostic qui m'a permis de transformer une souffrance profonde, une incompréhension, en une vraie richesse. Et il s'inspire également de mon vécu de maman de quatre enfants HP, aujourd'hui jeunes adultes qui ont pris leur envol.

Chapitre 1 :
Vous avez dit « haut potentiel » ?

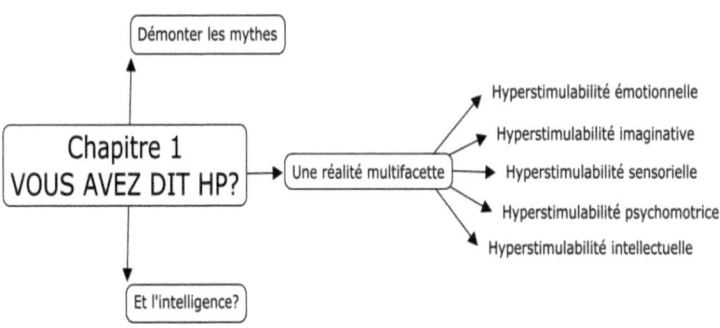

J'ai choisi de les appeler « haut potentiel », « HP » en résumé. Ça fait rire les jeunes ados, qui s'imaginent sous le couvercle d'une imprimante. Ça amuse souvent les adultes, qui n'hésitent pas à dévier les initiales. HP comme hôpital psychiatrique quand ils se sentent un peu plus fous que le monde qui les entoure, HP comme handicapé profond quand ils prennent conscience de leurs lacunes. C'est le terme le plus couramment utilisé en Belgique pour ceux qu'on appelle ailleurs les surdoués, les HQI ou THQI (pour – très – haut QI), les enfants précoces, les PESM (personnes encombrées de surefficience mentale) ou encore les zèbres.

Le terme HP permet de déculpabiliser mes patients. Je leur parle de potentiel possible, pas d'intelligence supérieure, mais de différence. Le terme leur raconte qu'ils ont reçu un cadeau. Il ne leur reste alors (je sais, c'est facile à dire!) qu'à trouver le moyen de l'exploiter au mieux. Surtout, d'apprendre à composer avec au quotidien, d'en faire une force.

Si je voulais choisir une autre appellation pour le HP, je dirais «HS», à la fois hyperstimulable, et par moments, hors service.

A. Démonter les mythes…

Contrairement aux idées reçues, l'enfant HP n'est pas forcément Léonie Gratin, personnage célèbre de la bande dessinée *Ducobu*.

Le mythe de l'enfant surdoué a la peau dure!

On l'imagine assis au premier rang, de sérieuses lunettes sur le «pif», et des résultats scolaires qui frôlent la perfection. Un roi de l'organisation, de la planification, l'enfant parfait dont rêvent les parents, qui fera des brillantes études et mènera une carrière sérieuse et exemplaire.

Bien sûr, ces petits zèbres existent, on les appelle des HPI pour «haut potentiel intellectuel». En apparence, tout va bien. Adaptés au monde scolaire, à la vie en société, ils réussissent brillamment leurs études. Mais quand on creuse un peu, on les sent parfois en souffrance, écrasés par une pression énorme qu'ils se mettent pour ne pas décevoir.

Il faut évacuer au plus vite l'idée que le haut potentiel est lié à la réussite scolaire.

Certains d'entre eux craquent sous le poids du perfectionnisme qu'ils exigent d'eux-mêmes. Il suffit alors d'une mauvaise note pour que l'édifice qu'ils se sont construit se lézarde.

D'autres réussiront leurs études haut la main, auront un job plein de challenges et de défis.

Pourtant, ces adultes ne sont pas à l'abri non plus et risquent aussi de tomber en burn-out. Ils viendront consulter plus tard, trop tard, parce que la pression aura eu raison d'eux.

1. Le risque de ce mythe?

Qu'il cache tous ceux qui n'ont pas de résultats scolaires brillants et qu'il empêche le diagnostic d'enfants moins disciplinés et qui correspondent moins à l'idéal de l'école.

L'enfant HP n'est pas non plus seulement Ducobu, l'exemple parfait de l'élève décrit par ce nouveau mythe qui commence à faire parler de lui. C'est l'élève qui paraît paresseux, qui chahute au fond de la classe et qui semble scotché au quatrième rang à côté du radiateur. Quand il ne dort pas sur son banc, il lit, griffonne, joue avec son téléphone ou discute avec les copains. Il adore apprendre mais l'école, ce n'est pas pour lui!

Parfois il est simplement absent, rêveur, distrait, il donne l'impression d'être sur une autre planète. En fait, il y est! Sa pensée est à mille lieues de ce qui se dit dans la salle de classe. D'une information qu'il a captée dans un de ses rares moments d'attention, il élabore sa propre réflexion, aidé par sa formidable pensée en arborescence.

Il n'est pas idiot, comme Ducobu qui redouble d'ingéniosité pour copier sur sa voisine de classe sans se faire pincer...

À l'adolescence, notre Ducobu, qui est passé sans trop de difficultés à travers les mailles du filet en primaire, finit par décrocher. Dans ses bulletins, c'est toujours la même rengaine: paresseux, ne s'investit pas, manque de travail... Notre jeune élève n'a pas appris à travailler en primaire, il s'en sortait sans faire trop d'efforts.

En secondaire, c'est le décrochage, ou parfois plus tard à l'université. Le jeune HP est découragé, et puis franchement, il ne voit pas à quoi ça sert toutes ces choses qu'on veut lui faire rentrer dans le crâne! Au fond de lui, il s'inquiète, il sait bien qu'il doit réussir ses études. En apparence, il affiche une mine boudeuse et renfrognée: l'école, ça l'«emmerde» et il entend bien faire passer le message!

Si le décrochage arrive tôt, et qu'il est pris en charge rapidement, Ducobu finira par s'en sortir. Pas au point de rejoindre Léonie au rang des premiers de classe. Mais petit à petit, il rattrapera son retard et apprendra à travailler suffisamment pour réussir correctement. Par contre, quand c'est à l'université que les problèmes se posent, les dégâts seront importants. Il n'est pas rare que je reçoive des jeunes qui ont triplé leur première année d'université. Et pourtant, ils ont toutes les compétences pour réussir! Ils ne savent juste pas comment les utiliser…

Un second mythe pointe à l'horizon: pour être HP, il faut rater à l'école.

  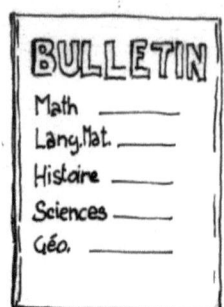

Il n'y a pas de corrélation entre haut potentiel et réussite scolaire.

Marc, bon élève en secondaire dans les branches scientifiques s'est inscrit dans des études de bio-ingénieur. Au blocus de Noël, il ouvre ses notes et réalise que ce n'est pas vraiment ça qu'il voulait étudier. Il renonce donc à étudier cette matière et végète le reste de l'année. Il décide alors de se tourner vers des études d'ingénieur. De nouveau, il s'investit peu dans ses études, mais présente quand même les examens de Noël. Sa moyenne avoisine les 7/20. Marc se dit alors qu'il est incapable de réussir à l'université. Il s'inscrit donc pour faire un régendat en mathématique. Il se rend bien compte que quelque chose ne va pas. Marc entend alors parler des personnes à haut potentiel et demande un diagnostic. Marc est en effet un jeune à haut potentiel. Aujourd'hui, accompagné par des professionnels du haut potentiel, il a repris des études universitaires qu'il réussit correctement.

La meilleure conclusion à tirer des histoires de nos amis Léonie et Ducobu, c'est que vraiment, le haut potentiel, ça n'a rien à voir avec l'école.

Et que si on se base uniquement sur le vécu scolaire pour faire des diagnostics, on risque franchement de louper le coche, même si c'est souvent un instituteur, un prof attentif ou un mauvais bulletin qui éveillent notre attention de parents et de professionnels.

Mais alors, qui sont ces enfants, ces jeunes et ces adultes qui se sentent différents, décalés, qui parfois vivent très mal ce haut potentiel et d'autres fois en profitent (les deux cas de figure ne s'excluant pas forcément mutuellement!) ?

B. Une réalité multifacette…

Il n'y a pas de moyen simple d'expliquer le haut potentiel et il est extrêmement difficile de décrire le fonctionnement cérébral de tous ceux qui ont le cerveau qui tourne différemment.

La théorie de la désintégration positive de Dabrowski est souvent bien utile aux HP pour comprendre ce qu'ils sont et comment ils fonctionnent. Dabrowski a développé une théorie du développement de la personnalité.

La théorie de Dabrowsky affirme que trois facteurs influencent le développement de la personnalité, l'hérédité, l'environnement et la motivation.

Pour le premier facteur, l'hérédité, c'est une évidence pour tout le monde que notre personnalité est influencée par nos gènes.

Le second facteur proposé par Dabrowski qui influence le développement de la personnalité est l'environnement. Personne ne niera que dans un contexte où l'enfant grandit en sécurité, avec de l'amour et des renforcements positifs, aura sa personnalité qui se développera différemment de l'enfant qui manque de sécurité, ne ressent pas d'amour et ne reçoit pas de renforcements positifs.

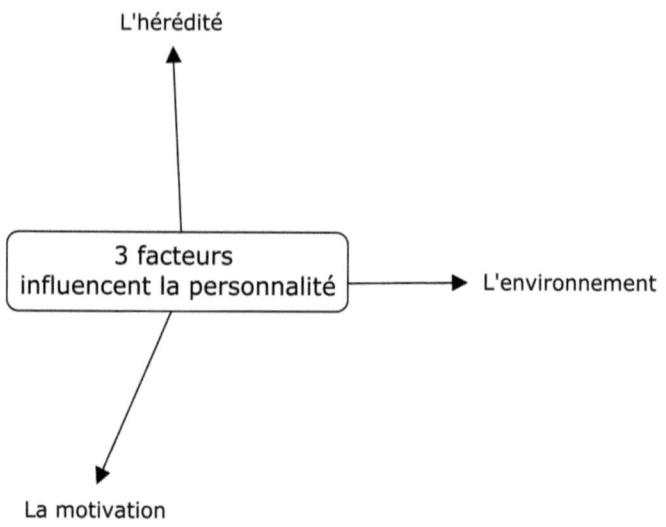

La motivation fera toute la différence : un jeune HP peut avoir les mêmes gènes que son frère et le même environnement familial, sa motivation personnelle influencera aussi sa personnalité.

Enfin, le facteur motivation. La volonté d'aller de l'avant, l'envie d'autonomie, le désir de réussir vont aussi influencer la personnalité de l'individu.

D'après Dabrowski, la personnalité se construira sur cinq axes, influencés par les trois facteurs déjà cités. Ces cinq axes sont appelés les hyperstimulabilité. Les hyperstimulabilités sont des manières plus ou moins fortes de réagir aux stimuli internes et externes. Ce sont des caractéristiques innées, présentes chez l'enfant dès sa naissance.

Des études ont démontré que les personnes à haut potentiel présentent ces hyperstimulabilités à un niveau supérieur à la moyenne. Nous aborderons ici ces hyperstimulabilités, en général excessives chez la personne à haut potentiel.

1. L'hyperstimulabilité émotionnelle

Les quatre émotions de base sont : la joie, la tristesse, la colère, la peur.

Ces émotions ont chacune leur utilité : la colère nous permet de défendre notre territoire ; la peur nous met en état d'hypervigilance qui nous aide à éviter le danger ; la tristesse quant à elle nous retire du monde, nous isole et peut parfois nous permettre de recharger nos batteries ; et enfin la joie nous permet de communiquer, de vivre pleinement notre vie.

Comme les quatre autres hyperstimulabilités que je présenterai ensuite, l'hyperstimulabilité émotionnelle a des côtés positifs et des côtés négatifs.

Grâce aux émotions, nous arrivons à nous adapter à chaque situation de notre vie. Nos émotions nous donnent une vision de notre état intérieur.

Le HP est hyperémotif : joie, tristesse, colère, peur...

Malheureusement, nous avons souvent tendance à voir négativement ces émotions : la peur peut être vue comme de la lâcheté, la tristesse comme de la faiblesse, la colère comme un manque de maîtrise de soi, et même la joie, comme un manque de maturité. Le côté négatif de l'hyperstimulabilité émotionnelle est vécu très douloureusement par beaucoup d'HP. C'est l'une des raisons les plus courantes de consultation.

Certains HP auront des difficultés à gérer leur tristesse. Leur sensibilité les fait pleurer pour un rien.

Pleurer en regardant un film à la télévision n'a rien de négatif, tout du contraire, mais pleurer devant l'enseignant quand on reçoit le bulletin de son enfant qui a de mauvais résultats est beaucoup plus difficile.

Dans le même ordre d'idée, pleurer parce que quelqu'un nous fait une remarque qui nous blesse peut aussi être très handicapant.

La peur des personnes à haut potentiel est liée à l'hyperstimulabilité imaginative (qui sera expliqué en détail plus loin).

Le HP a sa pensée qui part dans tous les sens, il fait des liens, il a des intuitions. Tout ceci peut entraîner des peurs semblant irrationnelles.

La gestion difficile voire impossible des colères est également une difficulté fréquente chez les personnes à haut potentiel. Des parents se plaignent d'être violents avec leur enfant, le plus souvent verbalement mais il arrive également que la colère physique soit extrêmement difficile à contenir, avec tous les risques que cela comporte. Par la suite ils regrettent, mais le mal est fait.

Les enfants HP peuvent aussi faire d'énormes colères. Je me rappelle de mon second enfant, alors âgé d'environ un an qui faisait des colères à en devenir tout bleu. Néanmoins, même si ces colères peuvent être vécues comme des difficultés tant pour la personne que pour son entourage, il est important qu'elle puisse s'exprimer.

L'hypersensibilité émotionnelle fait que le HP peut entrer dans de fortes colères.

Et même la joie peut prendre des proportions énormes chez le HP. En général, c'est bien vécu, c'est positif. Ce qui peut être dérangeant c'est ce fameux « regard de l'autre ». Rire pour une bêtise, ce n'est pas toujours sérieux.

Je me rappelle une journée de formation où ma collègue essayait tant bien que mal d'écrire avec un stylo nacré blanc qu'elle avait reçu de son frère. Ce stylo fonctionnait très mal, elle devait régulièrement le secouer pour qu'il écrive. Quelques jours plus tard, elle arrive dans notre cabinet de consultation et me dit avec un large sourire : « Tu sais, mon stylo va bien maintenant ». Et moi, naturellement, je m'écrie « YES ! ». Juste pour un stylo… Nous en avons beaucoup ri.

Ce genre de petits moments sont positifs si on arrive à faire fi du regard des autres souvent étonnés de notre excessivité.

Dans un groupe de parole pour adulte à haut potentiel, une personne a partagé sa souffrance de ne pas arriver à gérer ses émotions. S'en sont ensuite suivis toutes sortes de conseils : mindfulness, relaxation, sophrologie, yoga. Ma collègue et moi-même avons échangé un regard complice. Elle a pris la parole en disant qu'avant de traiter cette difficulté, il fallait accepter cette hyperémotivité. C'est le premier pas à faire.

Je pourrais également raconter cette conférence que j'ai faite dans une école fondamentale. J'ai toujours eu des difficultés à être devant un groupe d'enseignants, mais cette partie de mon travail porte tellement ses fruits que je continue de le faire. Au début de la conférence, c'est comme si je manquais d'air. Puis rapidement, je me calme et termine sereine. J'ai reçu le retour d'une enseignante : *on voyait que vous étiez stressée au début, mais ce n'est rien, on sait que vous êtes hyperémotive.*

Je pleure pour un rien. Parfois c'est positif, il m'arrive d'aller à des expositions de peinture et de m'extasier sur une toile. Je ne sais pas pourquoi, mais souvent ce sont les bleus qui me touchent.

Le HP peut s'émerveiller devant des petites choses ce qui peut fortement étonner les autres personnes et le mettre mal à l'aise.

Je laisse alors mes émotions déborder, les larmes coulent, cela fait un bien fou. Mais c'est souvent aussi très négatif, je peux pleurer au travail quand mon chef me fait une remarque. Là, je me sens très mal, je n'arrive pas à le gérer. Anne, 36 ans

Cette hyperstimulabilité émotionnelle peut aussi être difficile à vivre en société. Les autres personnes sont parfois étonnées de nous voir nous émerveiller devant la vue d'un arc-en-ciel, ou devant un paysage.

2. L'hyperstimulabilité imaginative

Comme l'hyperstimulabilité émotionnelle, chez la personne à haut potentiel, l'hyperstimulabilité imaginative a un côté fardeau et un côté cadeau.

La souffrance évoquée par les HP semble souvent liée à une vision du monde très paranoïaque. Toute phrase dite par une personne peut être mal prise, mal comprise. Un jour, le HP croise une collègue qui lui dit : « Oh, tu es toute jolie aujourd'hui », en une fraction de seconde, le HP peut penser : « Quoi, cela veut dire que les autres jours, je suis moche ? »

Dans le même ordre d'idée, tout petit fait anodin peut être à l'origine d'une angoisse terrible : le petit vélo qui tourne en permanence dans notre tête en est la cause.

J'ai beaucoup d'angoisse. Il suffit qu'un petit fait se passe pour que dans ma tête j'imagine toujours le pire. L'autre jour par exemple, mon boss m'a demandé ce que j'avais fait ce matin. Directement j'ai commencé à me dire qu'il croyait que je travaillais mal, que j'étais trop lent et du coup, j'imaginais déjà recevoir mon C4. Pourtant, je sais que je suis plutôt rapide et efficace dans mon travail mais une fois que les idées sont parties, il m'est impossible de les arrêter. Cela m'arrive plusieurs fois par jour. Thomas, 28 ans

©2014 Pierre Hector

L'imagination du HP est telle, qu'il peut imaginer le pire à partir... de rien...

De nouveau, le premier pas pour avancer, c'est comprendre et accepter ce qui nous arrive.

Cela fait pas mal d'année que je sais que je suis HP, mais je n'avais pas compris qu'elles en étaient les implications. Le jour où j'ai compris que mes angoisses étaient dues à cette imagination plus que débordante, j'ai essayé de l'accepter, en tournant ces scénarios catastrophes en dérision. Dès qu'une idée commençait à m'angoisser, je me disais « Arrête de faire ton HP ». Ces scénarios continuent de venir, mais aujourd'hui, j'en ris. Natacha, 51 ans

Pourtant, cette imagination vraiment débordante est un véritable cadeau pour les HP qui parviennent à en profiter.

Cette imagination permet notamment d'avoir un humour particulier : une image, un mot, une idée peut être mise en lien avec un simple fait, et l'humour qui en découle peut être succulent. Il n'est malheureusement pas compris par tout le monde. Ce qui oblige parfois le HP à expliquer sa blague.

La première fois que je suis arrivée à un groupe de parole pour adultes HP, je me suis sentie à ma place. Comprise et acceptée. Mais surtout, ce qui m'a fait un bien fou, c'est que je pouvais raconter mes blagues habituelles. Dans le monde réel, elles sont mal comprises ou peu appréciées. Autour de la table, pour la première fois, j'ai remarqué que les gens en riaient. J'ai découvert que mon humour n'était pas si stupide qu'il en avait l'air. Anouchka, 42 ans

La créativité fait partie de cette hyperstimulabilité, qu'elle soit artistique ou non. On peut faire des mathématiques ou même de la psychologie de manière créative.

Cette créativité peut ne pas non plus être comprise par tout le monde, ce qui donne parfois l'impression, à tort ou à raison, que certains HP sont en avance sur leur temps.

Les HP sont aussi souvent très forts pour faire des propositions innovantes. Malheureusement, elles sont parfois sources de réactions hostiles de la part de leur entourage, surtout professionnel.

Certains HP n'ont pas l'impression d'avoir de l'imagination. On se rend souvent compte que c'est plus le regard qu'ils portent sur eux-mêmes qui n'est pas réaliste.

Mettre de nouvelles lunettes leur permettra d'enfin percevoir leurs capacités dans ce domaine.

Je suis ingénieur, dans mon travail tout se passe, en général assez bien. Ce qui est difficile pour moi, c'est quand j'ai une idée, un nouveau projet ou parfois simplement un moyen que je trouve plus efficace, j'essaye de le transmettre à mes collègues. Je dois d'abord essayer de verbaliser ce que j'ai trouvé. Au début, on ne me comprenait pas. J'ai presque dû apprendre à « traduire » mes propos. La seconde étape a été encore plus difficile : vendre mon idée. Leur faire comprendre que c'est une bonne idée. C'était parfois une mission impossible. Heureusement mon manager a perçu qu'en général mes idées étaient porteuses de bons résultats. Peu à peu j'ai obtenu de la reconnaissance et aujourd'hui on m'écoute.
Marc, 43 ans

Le HP peut paraître être dans la lune. En réalité, c'est souvent le moment où ses idées se mettent en place, avant qu'il se mette en route.

3. *L'hyperstimulabilité sensorielle ou hyperestésie*

L'hyperstimulabilité sensorielle se manifeste au niveau des cinq sens, la vue, l'ouïe, l'odorat, le toucher et le goût. Souvent, elle permet au HP de mieux percevoir les choses, d'avoir une vision (au sens figuré !) plus aiguë du monde qui l'entoure. Tous les HP ne possèdent pas les cinq hyperstimulabilités sensorielles. Certains en possèderont « que » deux ou trois, d'autres les cinq.

Ainsi, au niveau de la vue, l'angle de vision moyen de l'être humain est entre 90 et 120°. La plupart des HP ont une vision à 180°, voire plus.

Au niveau de l'ouïe, on peut parler de l'oreille absolue des musiciens qui est innée chez certains HP, qui parviennent à nommer chaque note en l'entendant. Outre le domaine de la musique, le HP peut entendre certaines gammes de fréquence plus graves ou plus aiguës.

La sensibilité tactile est aussi une vraie richesse pour les personnes qui la possèdent qui ressentent un besoin permanent de toucher pour mieux percevoir. Plaisir de caresser et d'être caressé. Certains HP par contre ne supportent pas ce côté tactile qui peut même être douloureux.

Le goût et l'odorat sont clairement liés. Retrouver un souvenir à partir d'une simple odeur peut être un vrai moment de plaisir. Goûter les variations des plats en y incorporant une épice peut aussi procurer des sensations positives. Certains HP cuisinent seulement à l'odeur, ils ne goûtent jamais et peuvent pourtant affirmer, sans jamais se tromper, si le plat est correctement assaisonné. Mais cette hyperesthésie sensorielle peut aussi être vécue comme une souffrance par les personnes à haut potentiel en présence de stimuli incommodants (tissu qui démange, lumière vive, sons trop aigus ou trop graves, odeur dérangeante, goût désagréable…).

Hyperesthésie, les sens sont plus développés

Je n'en peux plus, aidez-moi. Je suis exténuée par les bruits environnants. Jamais de silence. Je vis dans un appartement et les cloisons sont très fines. J'entends quand les voisins tirent la chasse d'eau. Dès qu'ils allument la musique j'entends les basses. C'est horrible. Mary, 51 ans

On constate parfois que cette hyperstimulabilité sensorielle s'ouvre durant le diagnostic. C'est comme si les personnes s'étaient inconsciemment protégées de cette caractéristique. En découvrant son haut potentiel, la personne s'autorise à devenir « elle-même », elle ouvre ses canaux et ressent beaucoup plus fort la vie de tous les jours. C'est parfois vécu comme une souffrance, mais petit à petit, cela devient supportable.

Il serait important d'aborder ici une caractéristique que possèdent certains HP : la synesthésie.
La synesthésie est le fait de lier ensemble plusieurs sens. La synesthésie est une caractéristique assez rare. Certains patients HP nous expliquent en consultation que pour eux

les lettres, les chiffres ou même les jours de la semaine ont une couleur, une odeur ou un goût. Bien souvent ils ne savent pas que c'est de la synesthésie, et sont rassurés de se rendre compte qu'ils ne sont pas les seuls à avoir cette particularité.

Certains HP peuvent cumuler le haut potentiel et l'hyperactivité.

4. L'hyperstimulabilité psychomotrice

La plupart des personnes à haut potentiel ont une énergie débordante… pour ce qu'elles apprécient. Un débit de parole rapide, un besoin d'activités physique intense, un besoin de prendre souvent la parole et beaucoup d'impulsivité caractérisent aussi un certain profil de personnes HP.

Toutefois, les généralisations peuvent être dangereuses. En effet certains HP peuvent sembler très calmes. Mais malgré ce calme apparent, les pensées se bousculent dans leur cerveau.

Ces pensées permanentes peuvent entraîner de grosses difficultés d'endormissement chez certains HP.

Je suis quelqu'un de calme, je peux me poser, mais petit ce n'était pas comme ça. À l'école, j'éprouvais beaucoup de difficultés à rester en place. C'était difficile de rester assis. Aujourd'hui, cela va mieux, mais j'ai choisi un métier où je bouge sans arrêt; où tout me pousse à me dépasser. Je fais au moins une heure de sport tous les jours. François, 32 ans

5. L'hyperstimulabilité intellectuelle

Si on demandait à dix personnes de définir l'intelligence, on obtiendrait probablement au moins dix définitions différentes. L'intelligence sera abordée plus longuement au point C.

Certains aujourd'hui ont tendance à éviter de parler d'intelligence pour définir le haut potentiel ne parlant que de type de fonctionnement cérébral. Tout dépend de ce qu'on entend par « intelligence ».

Chez la personne à haut potentiel, les caractéristiques d'une hyperstimulabilité intellectuelle sont une tendance à penser sans arrêt. C'est comme si on ne parvenait pas à stopper le « petit vélo » qui tourne sans cesse. C'est aussi avoir un besoin presque permanent d'apprendre, une curiosité insatiable.

Cette hyperstimulabilité intellectuelle entraîne un questionnement existentiel, une recherche de sens, une quête de la vérité.

L'hyperstimulabilité intellectuelle, c'est entre autres une curiosité insatiable, un besoin de tout comprendre, un questionnement permanent.

Je pourrais parler de mon vécu en salle des profs. J'essayais de m'intégrer, de parler. Bien souvent, ce n'était que le silence qui me répondait. Cela me faisait mal. Quand j'ai appris que j'étais HP, ce genre de petits faits ont fini par me faire sourire. Ce n'est pas si grave après tout, c'est comme si on parlait deux langues différentes. Témoignage bien souvent confirmé par des patients venus en consultation.

Toute ma vie, je me suis sentie différente. Dans ma tête, les pensées se succèdent. J'ai toujours eu des difficultés dans les relations de groupe. Très souvent, quand je parlais, un grand silence bien pesant suivait. Qu'est-ce que je me sentais seule! Plus jeune, c'était à l'école et dans les mouvements de jeunesse. Je n'allais pas très bien mais jamais je n'aurais osé passer la porte d'un cabinet de psychologue. Je me suis parfois crue folle. Chantale, 47 ans

C. Et l'intelligence ?

L'intelligence est une question cruciale fortement débattue aujourd'hui. Difficile d'en débattre sereinement d'ailleurs, tant elle semble en lien direct avec un jugement moral. Il est difficile de parler d'intelligence sans soulever des questions de hiérarchie. Plus ou moins, chacun semble vouloir se situer par rapport à son voisin, comme si l'intelligence plus ou moins élevée accordait plus ou moins de valeur à l'individu qui en est pourvu. Difficile alors dans ces conditions de discuter sereinement du haut potentiel. Un diagnostic que beaucoup peuvent percevoir comme un jugement de valeur. Les parents de Marco venus faire tester leur enfant ont donné le rapport à l'école, afin d'aider les intervenants scolaires à mieux comprendre leur enfant. Ils se sont vu répondre que Marco faisait des fautes et ne pouvait donc pas être HP. La maman d'Inès, en montrant le rapport à l'institutrice a reçu comme réponse : *Ah bon, donc Inès est plus intelligente que moi ?* Avant de débattre ce sujet, il serait important de définir ce qu'est l'intelligence. Ces définitions sont plurielles. Pour certains, l'intelligence serait de bien réussir à l'école, d'obtenir un diplôme universitaire valorisé et d'avoir une carrière réussie. Pour d'autres, ce serait de posséder une bonne capacité d'adaptation à l'environnement, que ce soit aux personnes ou aux évènements.

On pourrait ici aborder les intelligences multiples de Gardner. L'échelle de Gardner permet d'évaluer de manière qualitative certaines formes d'intelligence. Gardner a mis en évidence neuf formes d'intelligences :

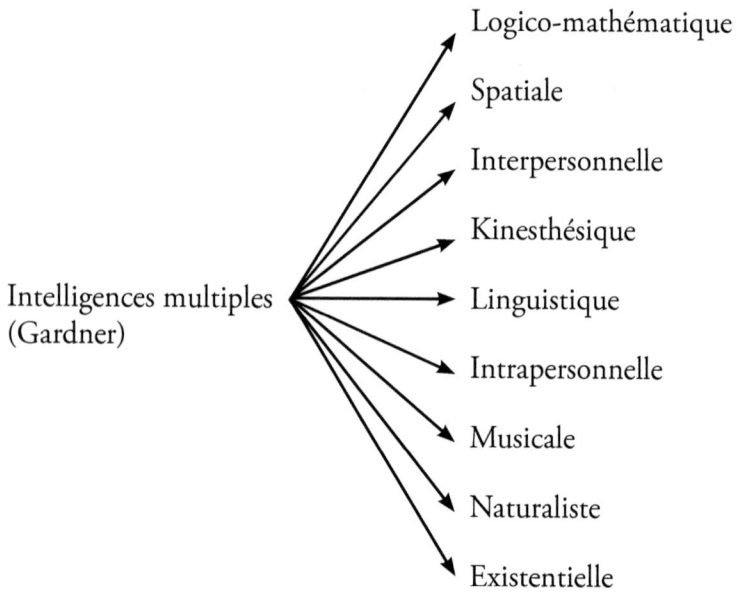

– L'intelligence logico-mathématique, on la reconnaît par une force dans les habiletés en résolution de problèmes et en mathématiques. Elle permet d'avoir une capacité fine d'analyse.

– L'intelligence spatiale, on la reconnaît par une puissante imagination. Elle permet d'organiser l'espace, les objets et les surfaces. La personne a besoin d'images pour comprendre.

– L'intelligence interpersonnelle, on le reconnaît par de grandes habiletés dans les relations interpersonnelles.

– L'intelligence corporelle-kinesthésique permet d'utiliser son corps pour s'exprimer.

– L'intelligence verbo-linguistique permet d'utiliser les mots à bon escient, de pouvoir jouer avec les mots et d'aimer le langage.

– L'intelligence intra-personnelle est une capacité à comprendre ses forces et ses faiblesses et à savoir ce qui est bon pour soi et ce qui ne l'est pas.

– L'intelligence musicale-rythmique est une caractéristique propre aux personnes qui aiment pratiquer et écouter de la musique.

– L'intelligence naturaliste-écologiste est une capacité à organiser, sélectionner, regrouper.

– L'intelligence existentielle ou intelligence spirituelle se définit comme la capacité à s'interroger dans des domaines plus spirituels.

Un autre moyen d'évaluer l'intelligence, mais de manière quantitative, avec un chiffre, sont les tests de QI.

Les tests de Weschler sont les plus utilisés. On compare l'individu à une norme.

Quatre domaines sont investigués : la mémoire, le logico-mathématique, la vitesse de traitement et le raisonnement verbal. Le test de QI sera expliqué plus loin dans le livre.

Plutôt que parler d'intelligence, je choisis résolument de parler d'un fonctionnement cérébral différent lorsque je parle de haut potentiel. Même si les capacités cognitives sont souvent élevées chez les personnes HP, l'intelligence n'est pas le meilleur moyen de définir cette particularité, vu qu'il n'y a pas de définition parfaite de l'intelligence, cette notion est bien trop vague.

J'aimerais ici raconter un groupe de parole vraiment intéressant par rapport à cette notion d'intelligence. Les noms et professions ont été changés afin de préserver l'anonymat des personnes. Un adulte, que nous appellerons François, ayant eu une carrière scientifique sur le tard ne parvenait pas à accepter le diagnostic de haut potentiel. Cette personne n'était pas issue d'un milieu où la culture était importante. Pourtant tout son parcours le montrait comme quelqu'un de brillant. Devant lui, un autre adulte, que nous appellerons Nicolas, famille plutôt aisée, parcours scolaire parfait, hautement diplômé. Nicolas était très charismatique, parlant avec un style parfait. Durant ce groupe de parole, Nicolas a commencé à parler. Je voyais François le regarder, la bouche ouverte, les yeux presque exorbités. À un moment, François s'est écrié : *Mais ça, c'est un mec intelligent.*

Rentrée chez moi, je n'ai pu dormir de toute la nuit. Ce qui chez moi est très rare car je dors en général d'un sommeil très profond dès que ma tête effleure l'oreiller. Je me suis alors posé la question : « Et toi, où mets-tu l'intelligence ». C'était tellement facile de répondre : les personnes intelligentes sont celles qui parlent plusieurs langues. Et pourquoi ? Tout simplement parce que je suis incapable de le faire. Par contre, étant brillante en mathématiques et en sciences, je ne pouvais me dire « intelligente », car ces disciplines sont « faciles », il n'y a qu'à lire et c'est bon.

L'être humain a tendance à considérer comme intelligents les domaines qu'il ne maîtrise pas. Ce qui de nouveau est une généralité qu'il faut prendre avec prudence. La manière dont on voit l'intelligence est certainement aussi due au parcours personnel.

Un groupe de parole pour adulte HP où chacun croit que l'intelligence c'est ce qu'il ne sait pas faire, le mathématicien trouvera le linguiste intelligent, car il est incapable de parler deux langues et le linguiste trouvera le mathématicien intelligent, car il ne peut résoudre une équation.

Bien souvent, avant le diagnostic, le HP ne se croit pas intelligent. Après le diagnostic il se voit tel qu'il est : avec des capacités mais aussi avec des difficultés.

Je pourrais citer témoigner ici de mon propre vécu par rapport à cette notion d'intelligence. Ayant eu une enfance difficile dans un environnement familial peu positif, j'ai développé une image très négative de mes capacités. Je me croyais réellement dépourvue de capacités cognitives. Au niveau des études, je n'ai jamais eu de résultats exceptionnels. Pourtant en fin d'humanité, j'étais assez brillante en mathématique et en sciences, sans vraiment travailler. J'ai aussi démarré l'académie de musique en guitare classique et solfège à 15 ans pour entrer au Conservatoire Royal de Musique de Bruxelles à dix-neuf ans. Le parcours académique normal étant de dix ans, je l'ai accompli en seulement quatre ans. Cela n'a pas suffi à m'enlever cette idée de la tête que j'étais complètement idiote. Durant la plus grande partie de ma vie d'adulte, je me suis considérée comme une personne d'une intelligence plutôt en dessous de la moyenne. Je ne lisais que des romans « de plage » et ne m'intéressais que peu à des sujets dits « intellectuels ». Il aura fallu passer par un bilan cognitif pour me convaincre que j'avais des capacités cognitives au-delà de la norme plutôt qu'en deçà. Bilan qui a vraiment été indispensable pour que j'accepte de changer mon regard sur moi-même.

Après avoir reçu les résultats, j'ai commencé à ouvrir mon esprit. Je ne voulais plus gaspiller mes capacités. Je me devais de m'ouvrir pour apprendre à en profiter. Pas mal d'années après cette découverte, je suis désormais totalement incapable de lire ces fameux romans de plage, m'intéressant à des sujets plus passionnants les uns que les autres, et qui surtout, me nourrissent. C'est comme si je m'étais ouverte.

Chapitre 2 : Le diagnostic

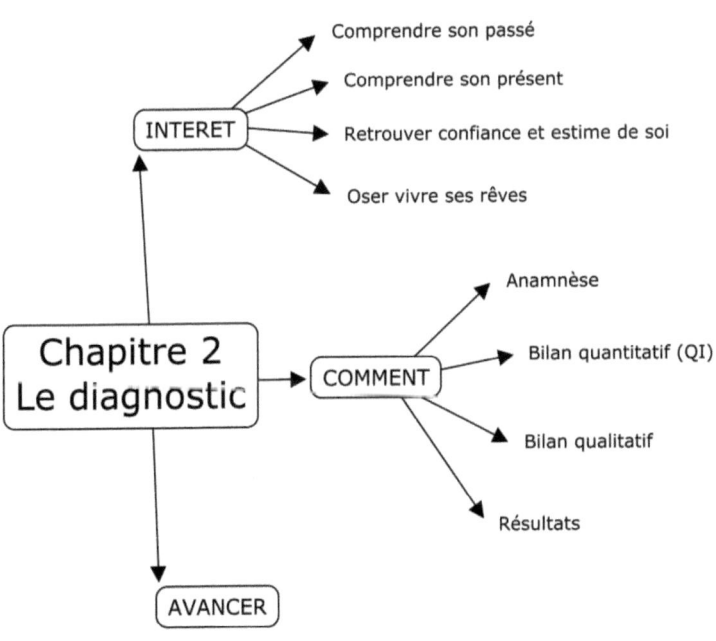

L'étape du diagnostic est une étape très souvent anxiogène pour la plupart des adultes, et parfois aussi pour les enfants. Certains (ou leurs parents pour les plus jeunes) viennent à reculons, anxieux à l'idée de se tromper, inquiets de s'être mal jugés, paniqués de paraître prétentieux. Pour la plupart des adultes, ce diagnostic représente un moment déterminant de leur vie, ou ils le jugent en tout cas comme tel. Quand le rendez-vous est pris plusieurs mois à l'avance, ils envisagent un jour sur deux de le décommander. C'est l'époque des tests de QI sur Internet, pour tenter de se rassurer (tests qui ne sont évidemment pas fiables du tout), de la remise en cause, de la relecture en boucle des caractéristiques du haut potentiel. Est-ce que c'est moi, cet adulte brillant dont parlent tellement de livres? Est-ce que je ne viens pas seulement d'une autre planète? Quand ils arrivent au rendez-vous, c'est presque à reculons, pétrifiés par le stress. Certains avouent n'avoir pas dormi de la nuit, ou avoir failli changer d'avis dans la voiture. Il faut alors commencer à construire la confiance, rassurer, dédramatiser, replacer les choses dans leur contexte.

A. Intérêts d'avoir un diagnostic clair et complet

L'enfant à haut potentiel non scolaire, est souvent très mal vu par ses enseignants.

Je pourrais parler ici de deux de mes enfants qui, déjà en maternelle, ont reçu un « bulletin » mentionnant qu'ils n'étaient pas adaptés aux études dans l'enseignement fondamental. Ils sont aujourd'hui universitaires.

Le diagnostic donné aux parents permet parfois d'expliquer aux enseignants que ce sont des enfants particuliers mais pas retardés.

Pour l'enfant, recevoir ce diagnostic lui permet de se remettre en route avec de nouvelles cartes en main.

Pour l'ado en échec scolaire, une aide est souvent indispensable pour se reprendre en main. Au moment du diagnostic, c'est comme si le jeune recevait le message: «Tu sais, c'est comme si tu avais un moteur de Ferrari dans la tête, mais avec un permis pour 2 CV.» Il accepte souvent les petits conseils qu'on lui apporte pour réussir ses études.

Recevoir le diagnostic d'HP, c'est un peu comme si on sautait sur un tremplin qui nous donne des ailes.

Certaines personnes à haut potentiel arrivent dans nos bureaux pour demander un bilan. Parfois elles ont plusieurs années, voire dizaines d'années de thérapie derrière elles. Cette clé du haut potentiel est comme un tremplin qui leur permet de comprendre et d'enfin avancer !

Quand les personnes reçoivent un diagnostic clair, elles reçoivent alors de vraies clés de compréhension et des pistes pour avancer. Nous observons souvent que les personnes changent durant le mois où le diagnostic est posé, même si chaque parcours est différent. Rien de tel que laisser parler les personnes ayant reçu ce diagnostic pour vraiment comprendre.

1. Comprendre son passé

Le diagnostic permet de mettre des mots sur un vécu parfois douloureux. Quand on parvient à comprendre, cela aide à aller de l'avant, à pardonner aux autres et, à parfois, se pardonner à soi-même.

Pour beaucoup d'HP, le diagnostic a permis d'enfin éviter de se croire idiot, fou, ou mauvais.

Pour moi ça a été comme un soulagement, surtout à partir du test QI. Pour une fois les chiffres disaient que je n'étais pas bête. Quand j'ai pu y « croire », j'ai enfin pu comprendre ma différence et cela m'a soulagée car cela pouvait devenir une sorte de « normalité » parmi les autres. Je n'étais pas comme les autres mais je savais enfin pourquoi, que ce n'était pas mon imagination et de cette manière j'ai beaucoup moins « combattu » la vie. Le reste c'est un travail de « reliance » à mes propres vécus... Nathalie, 34 ans

Il permet parfois aussi d'accepter un parcours scolaire chaotique, pas nécessairement à cause de la paresse mais parce qu'on n'avait pas les bons outils en main.

J'ai eu un parcours scolaire vraiment grave. À vingt et un an, je n'avais toujours pas mon diplôme d'humanité. En fait, je ne l'ai jamais obtenu. Même si, aujourd'hui, j'ai démarré ma propre société d'informatique et que je gagne bien ma vie, c'était toujours en travers de ma gorge. Me savoir à haut potentiel m'a aidé à accepter ce passé. Je n'ai pas été accompagné à l'époque comme j'en aurais eu besoin. La culpabilité a disparu. Boris, 21 ans

Le diagnostic peut clairement aider les personnes à haut potentiel à accepter ce qu'elles sont.

Quand j'ai reçu le diagnostic, j'ai petit à petit accepté que ma sensibilité et mon émotivité, sans cesse brimées et incomprises dans mon passé, ne sont pas une fragilité mais bien une grande richesse. Juliette, 37 ans

J'ai pu comprendre d'où venait ma capacité à rebondir face aux épreuves… les gens autour de moi me demandent souvent comment je fais, d'où ça me vient… Nancy, 54 ans

Une fois le diagnostic reçu, le HP peut changer de lunette et enfin percevoir qui il est réellement.

Être HP n'est pas synonyme de malheureux ! Quand on a compris notre fonctionnement, on peut vraiment s'éclater !

2. Comprendre son présent

Une grande partie du travail à faire est d'accepter qui on est. J'ai moi-même appris à rire de mes petites bêtises, de mes distractions. Quand je me sens incomprise, savoir que je suis HP m'aide à relativiser et à accepter la situation. Il n'y a rien de grave en soi, c'est juste que nous fonctionnons différemment.

Et bien depuis que j'ai arrêté de voir cela comme une « malédiction », j'ai tout tourné en avantages et en facilités. Je ne culpabilise plus d'avoir des facilités, de mettre 10 minutes à faire un truc qui prendra 3 heures pour d'autres, d'avoir trois passions en même temps, de pouvoir faire plusieurs choses à la fois. J'adore rester seule et je me l'autorise, je n'ai pas envie de voir des gens pendant 3 jours et bien, je ne sors pas! Depuis que je suis plus « gentille » avec moi et que je me suis acceptée telle que j'étais et bien, je vais beaucoup mieux, je dors, mes maux psychosomatiques ne reviennent plus. Pendant plus de 20 ans, j'ai eu du mal à dormir et depuis quelques mois, le hamster s'est arrêté de tourner! Caroline, 48 ans

Le diagnostic m'a permis d'accepter qui je suis. J'avais tendance à toujours essayer d'être « normal ». Cela faisait trente-deux ans que j'essayais. Là, j'ai compris, jamais je ne serai normal, et tout compte fait, ce n'est pas si négatif d'être différent. Je commence vraiment à accepter ces particularités et j'ai l'impression de me sentir mieux de jour en jour. David, 42 ans

3. Oser se faire confiance et retrouver l'estime de soi

Bien souvent les HP n'ont pas confiance en eux, et ont une très mauvaise estime d'eux-mêmes. Le vécu fréquent de rejet et d'incompréhension en est souvent la cause. Mettre des mots sur ce vécu permet de changer l'image qu'on a de soi. Les HP ne se sentent pas forcément plus intelligents que les autres, et auront rarement l'impression d'être des génies, mais ils apprennent peu à peu qu'ils ne sont ni fous, ni complètement stupides, ce que beaucoup avaient cru toute leur vie.

Certains HP se pensaient fou tellement leurs pensées leur semblaient «bizarre». Une fois le diagnostic reçu, ils respirent. Ce n'est pas de la folie, mais juste un fonctionnement différent!

Cela m'a apporté un énorme soulagement de ne pas être folle mais d'être simplement normale un chouïa un peu différente dans mon fonctionnement, certes, mais normale. Christel, 38 ans

Je dirais que c'est plus dans la découverte qu'il y a des avantages que dans le fait de l'être. Parce que finalement, on l'a toujours été mais sans le savoir. Alors pour moi le plus gros avantage c'est de ne plus me sentir bête! Là où je me retrouve dans des situations où j'ai l'impression de ne pas comprendre les autres, je sais maintenant que ce n'est pas parce qu'il me manque quelque chose, mais plutôt le contraire et ça… ben c'est vachement bien! Alexandre, 27 ans

4. Oser vivre ses rêves

Pour la plupart des personnes, et quel que soit l'âge, on peut constater un «avant» et un «après» diagnostic. Petit à petit, il devient plus facile d'oser, de se lancer dans les projets pour lesquels ils avaient toujours cru n'être pas à la hauteur.

Bryan était triste. Il passait de longs moments en silence. Je voyais bien que cela n'allait pas. Quand on m'a parlé d'un éventuel haut potentiel, je me suis renseignée et ai retrouvé beaucoup de caractéristiques chez Bryan. Le moment du bilan a été crucial pour lui. Depuis ce jour Bryan a complètement changé, il a développé des passions bien étranges: les pierres, les parfums et les échecs. Agnès, maman de Brian, 9 ans

Recevoir le diagnostic m'a permis de développer une créativité énorme et un appétit féroce de la vie. Anne, 63 ans

Je me suis mariée très jeune. Rapidement mes enfants sont nés. J'ai osé franchir le pas d'aller à l'université pour devenir médecin. C'était mon rêve… Il a fallu recevoir ce diagnostic pour oser franchir le pas. Françoise, 43 ans

B. Comment diagnostiquer ?

1. L'anamnèse

La première démarche du diagnostic est l'anamnèse, ou le « récit des antécédents ». Ce moment est indispensable et primordial dans le diagnostic. Le vécu de la personne HP est déjà un indicateur. C'est également le moment de construire la confiance entre thérapeute et patient, en écoutant les craintes. C'est aussi le moment d'expliquer que le test de QI n'est pas tout.

Durant l'anamnèse, il est nécessaire de parcourir également l'enfance et le vécu familial, puisque, nous l'avons vu, le haut potentiel a une forte composante génétique. La scolarité, le vécu du patient à l'école, à tous les âges de la vie et ses relations aux autres doivent également être pris en compte.

L'anamnèse est le premier rendez-vous, indispensable avant tout diagnostic.

2. Les tests de QI

Le test de QI reste encore aujourd'hui une étape indispensable pour poser un diagnostic d'haut potentiel. Pas forcément pour le thérapeute, qui peut souvent repérer un fonctionnement haut potentiel sans avoir besoin d'y recourir. Mais indispensable pour certains adultes qui y verront la preuve concrète dont ils ont besoin pour réinventer leur vie, indispensable pour l'école quand il s'agit de demander des adaptations pour un petit bout qui fonctionne différemment, indispensable encore aux yeux d'une bonne partie de la communauté scientifique qui peine à reconnaître que le haut potentiel ne se limite pas à un QI supérieur à 125.

2014 Pierre Hector

Certains adultes HP arrivent avec beaucoup de peine à la première consultation, remplis de questions, d'attentes et de craintes...

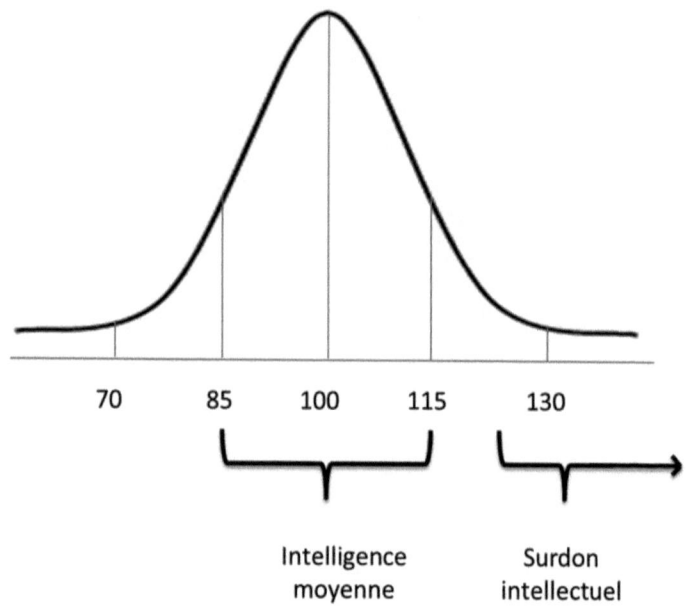

En « théorie », le HP a un QI supérieur à 125.

Tous les tests de QI sont établis afin de comparer un sujet à une norme. C'est la courbe de Gauss ou courbe de la Loi Normale : la population entière est répartie dans la cloche, quelle que soit la caractéristique testée. Au milieu, on a la moyenne. Plus on s'écarte de cette moyenne, que ce soit vers le haut ou vers le bas, moins il y a de personnes.

On peut s'amuser à mesurer tout ce qui rentre dans une normalité : la taille de la population, l'estime de soi, la taille du nez ou la taille du pied droit. Toutes ces mesures pourront être représentées par cette courbe de Gauss.

La mesure de l'intelligence rentre également dans cette courbe. La théorie dit qu'il faut minimum 125 de QI pour être HP. Ce chiffre pour moi importe peu. Ce qui est le plus important, c'est la manière dont la personne répond au test.

Je pourrais citer ici l'exemple de Diane, arrivée très stressée au test. Elle a complètement perdu les pédales durant le premier exercice, les cubes, obtenant un score très bas, limite du handicap. C'est assez récurent chez les adultes pour ce premier exercice. Ce n'est pas anodin pour un adulte de faire évaluer son intelligence. En général, les personnes arrivent à dominer leurs émotions durant le second exercice qui est un exercice verbal. Mais Diane en était absolument incapable. Le score obtenu à ce second exercice était encore plus bas. Le test a été arrêté là. Diane, incapable de gérer ses émotions, n'arrivait pas à réfléchir. Je lui ai alors conseillé de faire un travail sur elle-même au niveau de la gestion des émotions avant de repasser le bilan. Nous avons clairement diagnostiqué qu'elle était HP grâce au bilan qualitatif que j'expliquerai par après.

Le test de QI mesure donc l'intelligence.

Pour être précis, il faudrait aussi définir ce qu'est cette intelligence mesurée par les tests de QI.

Domaine verbal

Domaine logico-mathématique

Domaine de la mémoire

Domaine de la rapidité

Le test de QI ne mesure qu'une forme d'intelligence.
Il ne mesure pas réellement le haut potentiel mais une partie de celui-ci.

Je parlerai ici des tests de Wechler et plus précisément du Wisc 4, pour les enfants âgés de 6 ans à 16 ans et 11 mois.

Ce sont les tests le plus souvent utilisés.

a) Que mesurent ces tests ?

Le quotient intellectuel total est évalué sur base de quatre indices.

– Le raisonnement verbal évalue les capacités verbales de la personne, il fait appel au raisonnement, à la compréhension mais aussi à la connaissance lexicale.

– À l'aide de tâches plus visuelles, l'indice de Raisonnement perceptif mesure la capacité à manipuler des concepts abstraits, à faire des liens logiques et des généralisations.

– Les subtests de mémoire de travail (communément appelée mémoire à court terme) mesurent la concentration, l'attention.

– Les subtests vitesse de traitement mesurent les capacités de coordination visuo-motrice, et les compétences grapho-motrices.

b) QI et haut potentiel

Le QI mesure une petite partie du haut potentiel, l'hyperstimulabilité intellectuelle. Et encore… Le QI ne mesure pas l'imagination, la créativité, l'intelligence émotionnelle, etc. Il ne mesure donc pas vraiment le haut potentiel mais est une partie du diagnostic.

Curieusement, le fait d'être une personne à haut potentiel peut biaiser fortement le test de QI, censé mesurer le haut potentiel. En effet, plusieurs difficultés sont à mettre en évidence lors de l'utilisation.

– Tout d'abord ce test est très anxiogène, alors que justement beaucoup d'HP sont vite angoissés. L'exemple du petit Henry sera très parlant.

Henry est un petit bonhomme âgé de huit ans, testé par le Centre Psycho-Médico-Social à 82 de QI, très en dessous de la moyenne. Sa maman refuse d'accepter ce diagnostic, alors qu'elle voit son enfant comme avide d'apprendre, très curieux et hypersensible. Elle s'oriente alors vers notre centre afin de ne pas passer à côté d'un diagnostic de HP.

©2014 Pierre Hector

Passer un test qui mesure l'intelligence est anxiogène, ce qui est très difficile pour une personne hyper émotive.

Je fais passer à Henry le test de QI, celui-ci démarre les exercices très rapidement, jouant avec les cubes avec beaucoup de dextérité. Il parvient à un score de 13, alors que la moyenne se situe à 10 et le maximum à 19. C'est donc déjà un excellent score. Pourtant, à l'exercice suivant, Henry se met à sangloter violemment. J'arrête alors le chrono pour lui demander ce qui se passe. Il me répond : *Je suis nul, ton test est trop difficile, jamais je n'y arriverai*. Henry est très angoissé et ne se sent pas à la hauteur. Je choisis alors de lui montrer la feuille de correction, pour qu'il sache qu'il avait déjà très bien répondu au premier test. Je lui propose alors de faire la suite juste pour s'amuser, juste pour le plaisir. Henry a réussi cet exercice avec le score maximum de 19, et il obtient un QI total de 147.

– L'image véhiculée par ce test dans la population est vraiment qu'il est extrêmement difficile. Les personnes arrivent donc avec cette croyance et parfois de vrais blocages. Je parlerai ici de Cindy. Cindy a été très loin dans la plupart des exercices. Arrivée aux exercices d'arithmétique, elle me dit : *Oh, les maths, là je suis nulle, mettez-moi zéro*. Je lui réponds alors avec humour : *D'accord, alors on arrête là, je vous mets un 100 tout rond de QI et on en reste là*. Là, elle réagit assez fort et me rétorque *Ah bien non alors, là je ne suis pas d'accord*. Elle a fait les exercices d'arithmétique sans aucune faute.

Cela se produit aussi avec les exercices de mémoire. Personnellement, pendant longtemps, je me suis crue atteinte de la maladie d'Alzheimer. Ma mémoire est comme une passoire et j'ai l'impression de ne pas retenir grand-chose. Pourtant quand j'ai passé le test de QI, la psychologue m'a dit que ma mémoire était une de mes forces. En fait, ce n'est pas tout à fait exact, je ne retiens que ce qui m'intéresse. Les HP ont, en général une mémoire très sélective, en fonction de leurs propres intérêts. Si la personne doute trop de ses capacités mnésiques, son cerveau risquera de se bloquer et elle n'ira pas très loin dans les exercices de mémoire.

Le HP a souvent un manque de confiance en lui, ce manque de confiance influence négativement les résultats au test de QI.

– Les tests de Wechsler sont biaisés culturellement. En effet, dans la partie verbale, une grande partie des exercices a une connotation culturelle. Est-on moins « intelligent » parce qu'on provient d'un milieu où la culture est différente de celle véhiculée par ceux qui ont fait le test ? Anne est une personne qui m'a beaucoup marquée. Provenant d'une classe sociale assez défavorisée, Anne n'a pas fait d'études. Elle s'est rapidement mariée avec Johan. À 36 ans, elle a décidé de reprendre des études pour devenir institutrice.

La question du haut potentiel s'est posée à elle, quand son enfant a reçu ce diagnostic. Elle a donc demandé de passer la même évaluation. Anne a excellé dans les subtests : mémoire de travail, raisonnement perceptif et vitesse de traitement. Par contre, elle a obtenu un score très en dessous de la moyenne dans tout ce qui touche à la culture. Le chiffre de QI total, même s'il est non significatif vu l'écart entre les subtests était de 120. Pourtant Anne est clairement une adulte à haut potentiel.

Tout ceci tend à démontrer que le QI n'est pas un bon outil pour évaluer le haut potentiel.

Nous conseillons néanmoins aux personnes de le passer. Le test de QI est le seul test objectif. De plus, la plupart des HP reconnaissent les caractéristiques qualitatives hormis l'intelligence. Apprendre qu'on a des capacités met vraiment les personnes en route.

Par contre, il faut lire le chiffre avec prudence, en tenant compte de la manière dont la passation s'est déroulée.

Il importe de ne pas se hâter de tirer trop vite la conclusion qu'un QI en dessous de 125 n'est d'office pas du haut potentiel.

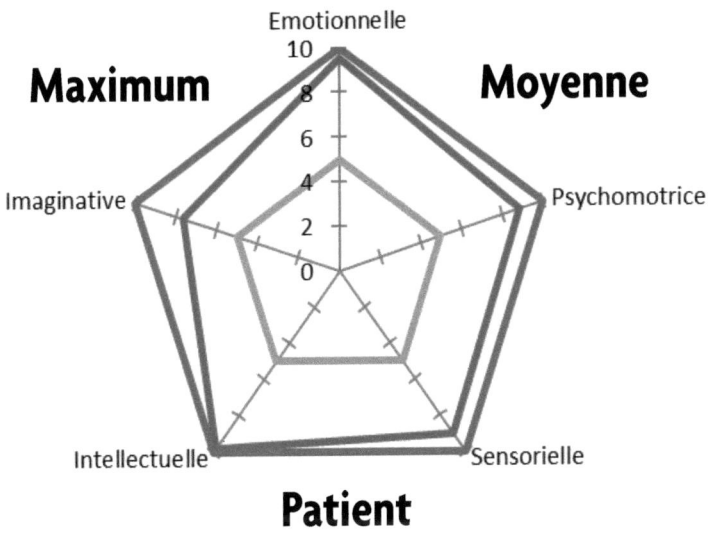

Exemple d'un diagramme du bilan qualitatif d'un adulte HP, son QI est à 147.

3. *Bilan qualitatif*

Afin d'évaluer le HP d'une manière plus large, une équipe de psychologues travaille dans notre centre à l'élaboration d'un bilan qualitatif qui mesure les caractéristiques de haut potentiel présentes chez la personne. Ce test en cours de réalisation est appelé « échelle des hyperstimulabilités ».

Notre questionnaire part de la théorie de désintégration positive de Dabrowski. Comme déjà mentionné, les études démontrent que les HP réagissent plus aux stimuli que la moyenne.

Nous avons donc élaboré un questionnaire avec septante-cinq questions qui brassent large dans ces cinq domaines (hyperstimulabilité intellectuelle, émotionnelle, imaginative, sensorielle et psychomotrice).

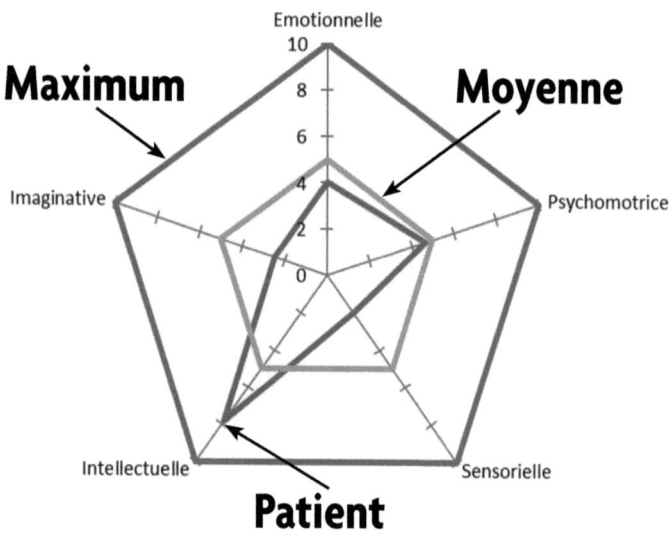

Exemple d'un diagramme du bilan qualitatif d'une adulte qui n'est pas HP, mais qui est intelligent, son QI est à 123.

Le résultat peut être quantifié car nous demandons aux personnes de répondre en répondant de zéro à quatre où zéro n'est jamais et quatre très souvent.

Cette échelle donne un diagramme en forme de pentagone que nous pouvons voir sur la page de gauche.

Tous les HP n'ont pas nécessairement les cinq hyperstimulabilités élevées, cela dépend du vécu, de la personnalité et des systèmes de défenses mis en place par les personnes, c'est ce qu'explique l'exemple de Franck :

Franck a eu un vécu familial assez lourd. Il a été rabaissé par son père durant toute son enfance. Le harcèlement vécu durant toute sa scolarité a augmenté encore son mal-être. À 54 ans, Franck ne va pas bien. Il consulte aujourd'hui car une personne lui a donné un livre sur le haut potentiel. Il dit avoir pleuré du début à la fin, pour la première fois depuis sa petite enfance. Franck a passé l'échelle des hyperstimulabilités. Il était très haut dans les hyperstimulabilités imaginative, psychomotrices et sensorielles. Par contre au niveau des émotions et des organes des sens. Franck était en dessous de la moyenne. Franck a tellement souffert de son hypersensibilité qu'il a développé une carapace l'empêchant de ressentir. Le bilan cognitif a confirmé qu'il était HP.

Un autre exemple que nous avons pu observer, sont les personnes qui ont toutes les hyperstimulabilités élevées, hormis l'imagination. Mais quand nous creusons plus les réponses aux questions, nous voyons que dans les questions plus négatives (se faire des scénarios catastrophes) la personne là est au maximum.

Ces personnes ont une très mauvaise vision de ce qu'elles sont réellement et souffrent d'un très grand manque de confiance en soi.

Que faire après avoir reçu ce diagnostic ?

S'il n'y avait pas de suite concrète et positive après le diagnostic, celui-ci me semblerait bien inutile. L'avantage de se savoir HP, c'est de pouvoir en profiter pour être bien dans ses baskets, et bien dans sa vie.

La première étape est de comprendre ce diagnostic : comprendre ce que cela implique d'être HP, mais aussi comprendre que bien souvent la vision que le HP a de lui-même est erronée, comprendre qu'on a le droit de vivre et de se respecter soi-même.

Quand il sait qui il est réellement, le HP peut enfin avancer !

La seconde étape est de l'accepter. Certains HP passent le bilan qualitatif et le QI. Les résultats sont très hauts, mais malgré ça, ils doutent. Les remarques les plus courantes sont que le test est facile et que tout le monde peut le réussir, une autre réponse sera que le thérapeute a voulu être gentil.

À un moment, il faudra faire la paix avec tout ça, et accepter qu'on soit HP. C'est bien souvent le début d'un mieux-être.

Je me disais forcément que la psy avait voulu être sympa avec moi. Ou qu'elle m'avait diagnostiquée HP parce que c'était bon pour le business. Ou qu'elle s'était tout simplement trompée dans ses calculs. Quand j'ai reçu le résultat, je lui ai dit qu'il devait y avoir une erreur : tout ça pour moi ? Ça me semblait impossible !
Natacha, 31 ans

Quand on a passé toute sa vie à essayer d'être normal, il est nécessaire de faire le deuil d'une « normalité ». C'est parfois un passage assez douloureux chez les personnes.

Une fois qu'elles ont accepté de faire partie d'une autre norme, les personnes commencent réellement à vivre leur propre vie.

Relire sa vie est une partie importante du travail à faire sur soi-même, peut-être pour tourner une page et redémarrer une nouvelle histoire sereinement.

Cette nouvelle page sera certainement plus riche et merveilleuse que la page tournée mais elle ne sera pas une page blanche, non, il serait illusoire de croire qu'on pourra faire l'impasse sur son passé.

Le passé fait partie de nous, il nous a formés tels que nous sommes aujourd'hui, il nous a fait grandir.

Le diagnostic reçu, le HP peut commencer à vivre sa vraie vie, choisir ce qui est bon pour lui et renoncer à ce qui lui fait du mal.

Le témoignage de Frédérick exprime cette démarche d'acceptation du diagnostic et de transformation intérieure.

Avant, je sentais tout le temps une grande solitude et ce, indépendamment du fait d'être entouré ou non. J'avais une personnalité mais qui ne s'accordait pas tout à fait avec mon âme. Je me disais toujours « je veux devenir celui que je suis au fond de moi, je ne veux pas vivre une vie qui n'est pas la mienne, me perdre » mais je n'arrivais jamais à nouer les bouts ni même à comprendre pourquoi j'avais cette sensation intime de n'être qu'une ombre de moi-même. Comme si je vivais à côté de moi pour être plus proche des autres et pour me conformer, pour avoir une existence illusoire et vivre dans la peur… Maintenant j'ai pris possession de mon corps et de ma vie, je me suis enfin rencontré même si les présentations sont toujours en cours. Je me sens plein et entier, mes peurs disparaissent et la confiance revient intacte comme lorsque j'étais enfant et que tout était possible. J'ai 34 ans mais je suis né il n'y a pas si longtemps que ça. C'est une chance énorme de savoir en grande partie qui nous sommes… Peut-être que d'être HP dans un monde formaté pour d'autres n'est pas a priori une chose facile à vivre mais je pense que la partie difficile à vivre a déjà pris beaucoup de place dans ma vie et ce par ignorance. Maintenant, je n'ai plus le droit d'être triste et malheureux puisque j'ai la chance d'avoir la clé de ma personnalité, de mon passé, présent et futur. Je n'en reviens toujours pas d'avoir cette chance énorme de pouvoir vivre le reste de ma vie en sachant qui je suis… quel cadeau. Pourtant je ne voudrais rien changer de mon passé : en me cherchant, en doutant, en ayant de l'humanité, en souffrant, en étant rejeté, en échec, en vivant des relations amoureuses difficiles, j'ai la conviction d'avoir appris et grandi, bref d'être devenu une meilleure personne. Je pense que tout ça n'est pas du temps perdu mais un chemin qui mène à un résultat plus que surprenant… Je ne regrette rien du passé puisque j'ai maintenant la clé de mon avenir en main et que comme dans toutes les histoires qui ont une belle fin, c'est à mon sens le chemin qui, plus que la conclusion, est important. Frédérick, 34 ans

4. *Les résultats*

Ce moment est très important. Nous recevons beaucoup de personnes HP ayant reçu ce diagnostic sans aucune explication ou même juste un rapport envoyé par mail.

Recevoir ce diagnostic n'est pas anodin et nécessite un accompagnement et ce, quel que soit l'âge du HP.

C. Avancer

Une célèbre phrase d'Einstein a souvent été ma maxime : « La vie, c'est comme une bicyclette, il faut avancer pour ne pas perdre l'équilibre ».

Une des questions les plus fréquentes que nous recevons dans l'association que j'ai créée est « qu'est-ce que je fais maintenant ? » Le HP a besoin de mettre du sens dans ce qu'il fait. Métro-boulot-dodo, est source de souffrance pour lui, même si les aléas de la vie font que parfois on n'a pas le choix. Pour raison alimentaire, on peut avoir besoin de garder le boulot qu'on n'aime pas.

Mais rien n'empêche de démarrer quelque chose d'autre à côté, SON projet, SON rêve. Rien n'empêche de rêver et postuler autre part, dans un domaine différent. Rien n'empêche de garder son job mais de modifier sa manière de travailler.

Pour certains, le diagnostic leur donnera l'envie de reprendre des études, d'autres démarreront une activité à leur compte, d'autres encore continueront la vie qu'ils menaient mais avec un autre regard. Certains malheureusement n'en feront rien. Dans ce cas-là, rien ne changera pour eux.

« La vie c'est comme une bicyclette, il faut avancer pour ne pas perdre l'équilibre ». Albert Einstein

Chapitre 3 :
L'enfant à haut potentiel

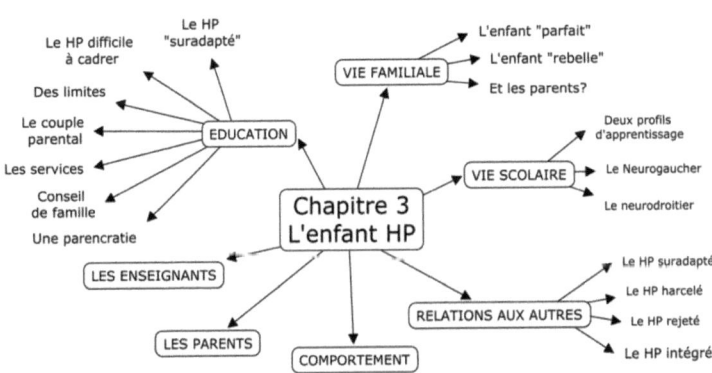

Il y a autant d'enfant HP que de profils différents. Il est donc très difficile de catégoriser ces différents profils. Un enfant HP peut être perçu comme « parfait » par ses enseignants à l'école, mais il pourra mener la vie dure à ses parents en famille. Les profils seront abordés en fonction des lieux de vie.

A. Vie familiale

Les HP ont souvent des caractères assez forts. Et quand les membres d'une famille sont tous hyperémotifs, hypersensibles, hypersusceptibles, hyperparano… Le mélange est assez détonnant. Plusieurs profils d'HP existent mais deux se dessinent très clairement.

1. L'enfant « sage », « parfait », suradapté…

Il essaye toujours de répondre aux demandes des adultes. Parfois même, il se met une pression terrible. Quand les parents viennent en consultation avec ce profil d'HP, bien souvent c'est parce que derrière cette perfection on ressent une souffrance terrible.

Ce sont des enfants qui peuvent développer des angoisses énormes, qui s'extériorisent parfois au travers de tocs.

Arnaud a 10 ans, il est HP. On a vraiment beaucoup de difficultés avec lui, il est rebelle, discute chaque demande. À l'école ses résultats sont bons mais son comportement laisse à désirer. Ce n'est pas comme Marie, sa petite sœur, elle n'est pas HP. Elle est calme, posée et fait tout pour rendre service. Elle obéit directement.
Anne, maman d'Arnaud, 10 ans

Quand Anne nous a parlé de Marie, nous avons conseillé aussi de lui faire passer un bilan. Comme son frère Arnaud, Marie est une enfant HP, mais elle a un autre profil que son frère. Elle est très sage, très obéissante, très perfectionniste. La pression qu'elle se met peut devenir une incroyable source de mal-être.

Ces enfants à haut potentiel qui nous paraissent « parfaits » ont parfois aussi besoin d'aide. Il faut d'abord essayer de comprendre la cause de ce perfectionnisme.

Parfois nous constatons que le papa ou la maman ne se donne pas le droit à l'erreur, que lui aussi a ce profil que l'enfant copie. Quand l'adulte fait une erreur, ou une gaffe, comme laisser tomber par terre un plat qui se brise en mille morceaux, il se fâche sur lui-même. Nous conseillons alors aux parents d'essayer de lâcher prise. De se donner le droit de faire des erreurs et de les mettre en évidence avec humour.

Certains HP sont presque des enfants « parfaits ». Ils font tout pour plaire aux autres, ils sont suradaptés.

Dans les stages, nous donnons comme défi à ces enfants de faire une bêtise le lendemain, évidemment de moindre importance. Un défi bien souvent très difficile à relever pour eux!

Nous constatons aussi que dans une famille où un enfant HP est difficile, bien souvent les autres ont tendance à essayer d'être parfaits, de ne pas prendre trop de place pour ne pas compliquer la tâche des parents. Ces enfants sont aussi hypersensibles et ressentent que leurs parents sont débordés par l'enfant difficile.

C'est en aidant l'enfant plus difficile à se contrôler que ses frères et sœurs peuvent enfin se permettre de se comporter comme des enfants, et même parfois être «difficiles» aussi.

On pourrait le qualifier d'ange ou de démon. Par moment, il est adorable, mais à d'autres moments il est vraiment insupportable.

2. L'enfant rebelle

On pourrait le qualifier d'ange et démon. Par moments il est adorable, mais à d'autres moments, il est vraiment difficile à supporter. Ces enfants sont souvent angoissés. Ils ont beaucoup de mal à accepter les limites pourtant ils en ont particulièrement besoin.

Bruno, petit bonhomme de sept ans et demi rentre dans mon bureau avec sa maman. Il n'a vraiment pas l'air heureux d'être là. Je m'adresse donc directement à lui pour voir ce qui ne va pas. Il me répond alors qu'il ne veut pas être là, car il n'a pas envie de me raconter ce qui se passe dans sa tête. Je lui réponds donc avec humour et un peu d'ironie que cela me réjouit parce qu'on pourra alors parler d'autre chose.

Il s'ouvre alors complètement et finit par me dire qu'il a un gros problème : *Ce n'est pas juste que je n'ai pas le droit d'être le commandant de ma propre vie. C'est comme si j'étais un bateau et que ce sont mes parents les capitaines. Je ne suis pas d'accord avec ça.* Bruno, 7 ans

Bruno trouve la situation injuste : il ne comprend pas pourquoi il ne peut pas décider pour lui-même. Il vit cela comme une réelle injustice.

Ces enfants, comme la plupart des enfants à haut potentiel ont de sérieux soucis avec les injustices. Pour eux, tout doit être clair et précis. Le cadre familial doit vraiment être travaillé afin d'aider la famille à mieux vivre le haut potentiel.

3. Et les parents ?

Comme nous l'avons déjà écrit plus haut dans le livre, le haut potentiel est héréditaire. Un parent (ou les deux) est donc aussi HP.

Bien souvent les parents ont du mal à l'accepter même s'ils réalisent aisément qu'ils fonctionnent comme leur enfant.

Si les parents sont HP et refusent ce diagnostic pour eux-mêmes, quelle image donnent-ils à leur enfant ? Les adultes, parents d'HP acceptent souvent que leur conjoint soit HP et qu'eux aussi en ont toutes les caractéristiques… hormis l'intelligence, bien entendu.

Il faut impérativement faire la paix avec ce diagnostic afin de permettre à l'enfant de grandir sereinement en acceptant sa différence.

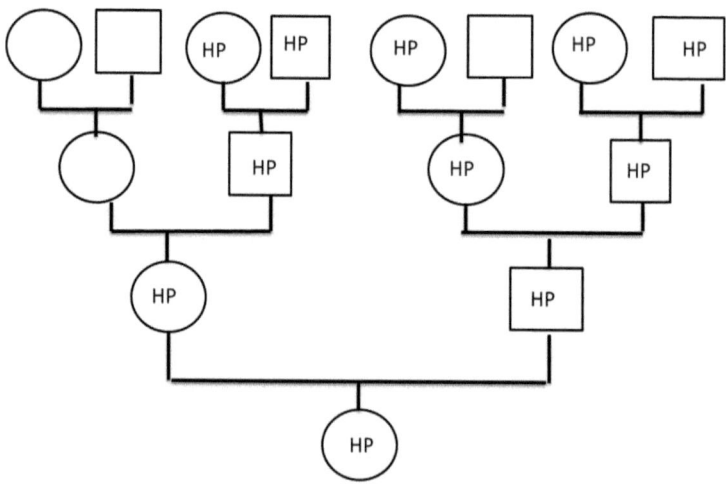

Quand un enfant est à haut potentiel, on observe cliniquement qu'un des deux parents l'est aussi.

B. Vie scolaire

1. Deux profils d'apprentissage

Comme déjà expliqué plus haut nous avons clairement deux profils d'enfants à haut potentiel : le HP scolaire, alias Léonie Gratin, et le HP pas scolaire alias Ducobu.

Le parcours scolaire est bien entendu totalement différent pour ces deux profils. Il serait intéressant de d'abord comprendre la raison de ces différences.

Tous les êtres humains ont deux hémisphères cérébraux, le droit et le gauche. Chacun de ces hémisphères a une particularité.

La spécificité de l'hémisphère gauche est la parole. Il est logique, analytique. La notion temporelle : les heures, minutes et secondes sont issues de l'hémisphère gauche. L'hémisphère gauche est séquentiel, une tâche sera faite après l'autre.

L'hémisphère droit fonctionne de manière globale et se soucie peu des détails. Il peut faire des liens, reconnaître une globalité à partir d'un seul détail. L'hémisphère droit est spécialisé dans la gestion de la complexité, il aime ordonner le chaos. L'hémisphère droit comprend mal la finesse du langage, mais excelle dans la compréhension de la communication non verbale.

Nous utilisons bien sûr les deux hémisphères, mais chaque personne a une utilisation préférentielle de l'un des deux, qu'elle soit HP ou non.

Il est important de comprendre ici que les prédominances hémisphériques n'ont aucun rapport avec le haut potentiel. Ces deux groupes sont répartis dans toute la population et sont en continuum. On peut donc utiliser de manière égale les deux hémisphères, ce qui est une grande richesse. Nous allons essayer de présenter ces deux extrêmes, en sachant qu'une multitude de profils existent entre ces deux extrêmes.

Dans certains livres aujourd'hui, on a tendance à comprendre que les personnes HP ont d'office un fonctionnement en arborescence. Ce n'est pas tout à fait exact. Certains HP ont une pensée bien séquentielle. Ceux-là sont le plus souvent adaptés à la vie en société et à l'école. Ils sont souvent diagnostiqués grâce à un frère ou une sœur qui a l'autre fonctionnement et pose problème. Les personnes qui ont un fonctionnement cérébral prédominant de l'hémisphère gauche, ne sont, en général, pas celles qui consultent, elles sont, en général, adaptées à l'école et à la société.

©2014 Pierre Hector

Le HP neurogaucher, aime l'école.
Il fonctionne de manière séquentielle : une chose à la fois, une chose après l'autre.

2. *Le HP neurogaucher*

En France, les personnes qui ont ce profil ne sont pas appelées HP, mais surdoués. Nous préférons garder le terme HP, tout en insistant sur une différence fondamentale au niveau du fonctionnement cérébral des deux profils. Son fonctionnement cérébral prédominant est l'hémisphère gauche. Il est bien adapté à l'école, on peut le qualifier de « scolaire » :

– Il apprécie les tâches répétitives

– Il aime suivre les procédures

– Il aime le détail

– Pour lui, c'est préférable de commencer par le plus facile et d'ensuite complexifier

– Il recherche les bonnes notes et peut se mettre une pression terrible afin d'être le meilleur

Ce type d'HP est très adapté à l'école et au monde. Toutefois, on parle parfois de suradaptation, et cette suradaptation peut entraîner beaucoup de souffrance. L'enfant se met une pression terrible afin de correspondre à ce qu'il pense qu'on attend de lui. Le HP qui a un fonctionnement prédominant de l'hémisphère gauche peut somatiser cette pression : maux de tête, eczéma, maux de ventre, migraine…

Dans la vie du HP scolaire, tout semble bien se passer : les devoirs sont remis en temps et en heure, tout est bien organisé, rangé, tout est rationnel. En général, chez ces enfants à haut potentiel scolaire, l'école se passera sans réelle difficulté et il fera des études assez poussées.

3. *Le HP neurodroitier*

– Il aime apprendre, mais pas à l'école

– Il travaille dans la globalité, sans vraiment aller dans les détails

– Sa pensée part dans tous les sens, il peut être vite distrait

– Il a horreur des tâches répétitives, quand il a compris, c'est bon, il faut passer à autre chose

– Il trouve facilement la réponse aux calculs, mais bien souvent d'une manière totalement différente de celle demandée par l'enseignant. Parfois, il ne sait même pas expliquer comment il y est arrivé.

– Il n'aime pas les procédures

– Il est créatif et rentre difficilement dans les cases

– Il est intuitif

Un exemple bien connu pourrait illustrer ces explications : Tout le monde sait qu'Einstein ratait à l'école. Après de nombreux échecs scolaires, il a enfin obtenu son diplôme. Personne ne souhaitait engager ce jeune avec son parcours plus que chaotique. Son père a alors été trouver le recteur de l'université, lui proposant de payer son salaire de chercheur et on a rapidement découvert un génie.

Ces types d'HP, qui utilisent de manière préférentielle leur hémisphère droit ne sont pas adaptés à l'école qui fonctionne clairement séquentiellement : on apprend une tâche simple puis petit à petit, pas à pas, on augmente la difficulté.

Le HP non scolaire a un fonctionnement en arborescence.
Il aime apprendre, mais n'aime pas l'école.

Le HP neurodroitier aime apprendre, mais il peut s'ennuyer ferme à l'école.

Les personnes HP qui ont un fonctionnement global très préférentiel de l'hémisphère droit seront les championnes de la procrastination.

Elles retrouveront leurs affaires dans ce qui paraît être un capharnaüm.

À côté de ces caractéristiques, ce type d'HP a une richesse énorme dans tout ce qui est créatif, imaginatif. Très intuitif, il percevra le monde avec finesse.

Les HP qui ont un fonctionnement en arborescence
sont d'une nature plutôt «bordélique».

C. Relations aux autres

Le HP se sent différent des autres, mais les autres le sentent aussi. La plupart du temps, le HP se sent mal dans les groupes.

Certaines généralités courent dans les milieux d'HP : un enfant HP est rejeté par ses pairs. Cette généralité est bien entendu réelle, mais cela reste une généralité.

On pourrait de nouveau parler de plusieurs profils d'HP au niveau des relations aux autres.

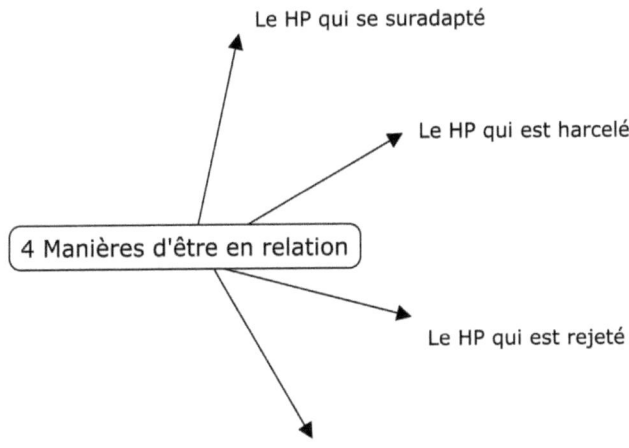

1. *Le HP qui se suradapte*

Certains HP ont développé des capacités inouïes d'intégration, de vrais caméléons qui s'adaptent à leurs interlocuteurs. Ils paraissent épanouis, mais quand on gratte un peu, ces enfants n'ont pas de vrais amis, juste des connaissances.

Quand ma fille Cindy a eu 18 ans, mon mari et moi lui avons proposé d'organiser une boum avec tous ces amis. Cindy avait des amies de l'école, des mouvements de jeunesse, de la paroisse et de l'académie de musique. Elle était enchantée de ce projet. Le lendemain, elle est descendue de sa chambre avec un air assez perturbé. Elle m'a demandé de ne pas organiser cette soirée parce qu'elle avait pris l'habitude de se comporter différemment en fonction des groupes et ne savait pas comment être si tous les groupes étaient ensemble. Claude, maman de Cindy, 18 ans

Ce genre d'HP paraît souvent bien entouré, mais au plus profond de lui-même, il nie sa véritable identité, ne sachant pas réellement qui il est. On parle ici de personnalité construite en faux self.

À force d'avoir reçu depuis sa plus petite enfance des petites remarques, des moqueries, des méchancetés, ou même simplement de l'incompréhension, le HP a développé un mécanisme de défense : protéger le vrai self qui est souvent perçu avec inquiétude voire répulsion par son entourage. Cette différence le fait tellement souffrir qu'il essaye de correspondre aux attentes des autres.

Lola n'est pas épanouie, elle travaille bien à l'école, mais je ne la sens pas heureuse. J'ai demandé à son enseignante comment cela se passait avec les autres enfants. Celle-ci m'a assuré que tout se passait bien, que Lola n'était jamais seule et participait aux jeux des fillettes de son âge. Pourtant dès que j'essayais d'en savoir plus, Lola évitait de répondre. J'ai donc décidé de contacter une psychologue spécialisée dans les HP. Très rapidement Lola s'est ouverte, elle a horreur de jouer avec les enfants de sa classe, certaines s'amusent à ennuyer un autre enfant. Lola a peur que si elle ne les suit pas, ce sera elle qu'on ennuiera. Elle a aussi avoué que ses collations, elle ne les mangeait pas, car ses « amies » lui demandaient de partager sinon elle ne pourrait plus jouer avec elle. Sophie, maman de Lola, 10 ans

Les autres sentent le HP différent, ce ressenti peut entraîner du harcèlement.

Parfois le harcèlement ou le rejet sont tels, que le jeune peut développer une phobie scolaire, qui en général est plus une phobie sociale.

Curieusement, beaucoup de jeunes garçons HP n'aiment pas trop jouer au foot. Ils se retrouvent isolés. Attention toutefois aux généralités. Certains HP adorent jouer au foot.

2. Le HP harcelé

Certains enfants HP n'arrivent pas à s'intégrer, ils expérimentent cruellement le rejet, la moquerie, le harcèlement. Aller à l'école pour eux est un vrai calvaire. Ils se sentent totalement insécurisés. Ils sont parfois incapables de se défendre par eux-mêmes et peuvent avoir besoin de l'intervention d'un adulte.

Paolo est rentré de l'école en pleurant avec un énorme bleu sur le visage. Affolée, je lui demande ce qu'il s'est passé. Il m'a raconté qu'au cours de gymnastique il avait fait perdre son équipe, Paolo n'est pas très «physique». Les enfants se sont rués sur lui pour se venger. À un moment il a vu «tout noir», puis la lumière est revenue et l'enseignante lui a demandé d'arrêter son «cinéma». Paolo a vomi. Nous avons été aux urgences, car il n'allait vraiment pas bien. Paolo a perdu connaissance durant cet épisode à l'école, il a dû rester une bonne semaine à la maison car il a eu une commotion cérébrale. Le lendemain j'ai été trouver l'enseignante qui a complètement nié le fait que Paolo ait perdu connaissance. D'après elle il faisait du cinéma. Elle a ajouté que Paolo aussi était un enfant difficile. Nathalie, maman de Paolo, 11 ans

Malheureusement les enseignants qui ne connaissent pas le haut potentiel peuvent mal discerner ce qui se passe dans les relations dans le groupe classe.

La cour de récréation peut aussi mettre à mal le comportement de l'enfant HP. Cet espace peut être une véritable jungle où règne la loi du plus fort. L'enfant peut être vraiment harcelé, verbalement ou même physiquement. Certains ne réagiront pas directement, gardant cette souffrance en eux. Mais une goutte d'eau pourra faire basculer ce pseudo-équilibre. L'enfant pourra réagir très violemment à un mot qu'il prend pour de la méchanceté. L'enseignant le punira alors, ne sachant pas tout ce que l'enfant a vécu avant.

Certains enfants HP vivent le rejet au quotidien à l'école.
C'est une épreuve vraiment très lourde à cet âge.

Arnaud est un petit garçon très calme, très gentil. Assez introverti, il parle peu de l'école. Un jour, il est rentré avec une punition : Arnaud a frappé Marcus à la récréation. Ma première réaction fut de me fâcher sur Arnaud. Ce ne sont pas des comportements qu'on accepte dans notre famille. C'est à ce moment que j'ai vu Arnaud s'effondrer en larme. Depuis des mois Marcus l'ennuie, il lui lance des petits bouts de gomme sur le dos en classe, il lui casse ses crayons, il se moque de lui en classe et à la récréation. Tout le temps. « Hier c'était trop, je n'en pouvais plus, et lui ai donné un coup sur son nez. Marcus a saigné du nez et j'ai été puni ». Joëlle, maman d'Arnaud 12 ans

Les parents en complet désarroi vont trouver les enseignants pour parler des plaintes de leur enfant. La réponse de l'enseignant est très souvent : « Mais vous savez, votre enfant aussi est difficile ». Ce qui est peut-être vrai, mais cela n'empêche pas que les enfants ne peuvent vivre à l'école selon la loi de la jungle : « C'est le plus fort qui gagne ». La cour de récréation peut être un vrai supplice pour les enfants HP.

3. Le HP rejeté

C'est de nouveau une généralité, mais je suis étonnée du nombre de jeunes garçons HP venant consulter qui n'aiment pas jouer au foot. Or, dans leur école, tous les garçons jouent au foot. Alors eux, ils vont avec les filles. Ce qui est souvent aussi une occasion de raillerie de la part des autres enfants. L'enfant HP n'a, en général, pas les mêmes centres d'intérêt que ses pairs. Il se sent donc décalé, mais les autres aussi le sentent différent. Cela se ressent très fort dans la cour de récréation, mais aussi lors des travaux de groupe.

Amélie était en 1re secondaire. Le prof de néerlandais a demandé aux jeunes de se mettre par groupe de trois ou quatre. Amélie était mal intégrée dans cette classe, elle était très seule. Les groupes se sont formés, mais Amélie restait seule. Elle a demandé à plusieurs si elle pouvait se joindre à eux, mais la réponse tombe chaque fois comme un couperet : « non ». Amélie s'est alors tournée vers l'enseignant qui lui a demandé juste « de se débrouiller ». Elle est rentrée à la maison et a éclaté en sanglot.
Françoise, maman d'Amélie, 11 ans

4. Le HP qui vit bien les relations aux autres

Quand on comprend qu'on est différent et que cette différence est une richesse, on peut développer des relations aux autres plus faciles. Le point de départ est un travail à faire sur soi-même pour apprendre à s'accepter et même à s'aimer afin de ne plus dépendre du regard des autres. On apprend alors à rester soi-même et bien sûr avec une personnalité forte, certains nous apprécieront mais d'autres nous détesteront. Nous ne laisserons pas les autres indifférents. Certains nous diront en consultation qu'ils ont tellement joué au caméléon qu'ils ne savent plus réellement qui ils sont. Nous leur conseillons alors de s'observer dans les relations avec des amis très proches. Si là, ils se sentent épanouis, c'est sans doute que c'est leur « vrai moi ». Petit à petit ils arrivent à reproduire ce « vrai moi » dans toutes leurs relations. Par moments, il peut être important d'enfiler un déguisement afin de s'adapter. La difficulté est de le faire en restant soi-même. Certains HP ont depuis toujours développé cette capacité relationnelle. Ils sont épanouis et heureux avec les autres. D'autres auront besoin de faire un travail sur eux-mêmes pour y arriver.

D. Difficultés comportementales

La plupart des personnes à haut potentiel éprouvent des difficultés à supporter les injustices. Elles ne pourront rester de marbre devant un fait qui bouleverse leur conscience. C'est un des gros soucis dans le cursus scolaire des enfants et jeunes à haut potentiel.

Antoine a rendu sa feuille blanche à son examen d'EDM (étude du milieu). Je ne comprends pas, il connaissait pourtant très bien la matière mais a refusé de répondre. Je l'ai donc interrogé, et il m'a répondu qu'il n'allait quand même pas faire plaisir au prof en répondant à ses questions, elle fait un cours sur l'écologie et roule en 4X4. Maryse, maman d'Antoine, 13 ans.

Antoine ne pouvait pas répondre, sa conscience l'en empêchait. Il aura fallu du temps et de la patience pour lui faire comprendre que c'était lui qui était perdant et pas son enseignante.

Certains HP sont capables de jouer au caméléon, s'adaptant aux autres pour pouvoir entrer dans le groupe.

Pas facile d'être enseignant et de s'adapter au profil des différents élèves.

D'autres difficultés comportementales sont observables dans la scolarité de certains HP. Même s'il faut de nouveau se méfier des généralités. Certains sont très sages et très obéissants, voulant à tout prix plaire à l'adulte. Certains enfants HP ont une hyperstimulabilité psychomotrice très élevée. On pourrait parler de « pseudo-hyperactivité ». Ces enfants supportent difficilement les longs moments assis. De plus, ils comprennent souvent très vite les explications de l'enseignant qui doit répéter plusieurs fois la matière pour les autres enfants. Les enfants HP s'ennuient donc souvent en classe, ils peuvent commencer à perturber le cours : se lever, bouger, parler, interrompre le professeur. Ce comportement peut être très dérangeant pour l'enseignant qui doit gérer toute la classe. Parfois permettre à l'enfant de dessiner, chipoter sans faire de bruit ou même prendre un livre dès qu'il a fini son travail peut l'aider à rester calme.

E. Rôle des parents

Le rôle des parents vis-à-vis de l'école est assez difficile. Il faut à la fois protéger notre enfant qui peut vivre du harcèlement, mais aussi essayer de lâcher prise en laissant l'école gérer les difficultés. Certains parents soulagés de découvrir enfin la cause des difficultés de leur enfant arrivent à l'école avec le bilan donnant le diagnostic de haut potentiel, et demandent à l'école d'en tenir compte. Les enseignants sont des êtres humains, certains sont incapables de s'adapter, ils ont vingt-cinq élèves devant eux, des dyslexiques, des dyscalculiques, des dyspraxiques, des hyperactifs, des enfants avec des troubles de l'attention et des HP. Même si certains enseignants essayent d'adapter leur enseignement, ça reste le « job » de l'enfant de s'adapter à l'école.

Quand Julie était en 1re et 2e primaires, elle avait de très bons résultats. Mais de retour à la maison, la période des devoirs était épouvantable. Julie avait des feuilles entières d'exercices répétitifs. Elle faisait très bien les deux premiers, puis tout était faux, ou elle traînait des heures pour terminer. J'en ai eu assez et terminais les exercices pour elle de la main gauche. Tout s'est très bien passé durant ces deux années, mais en 3e année, les points ont chuté et Julie n'allait pas bien du tout. J'ai donc été voir les deux enseignantes qui m'ont dit qu'elle était paresseuse, qu'elle ne faisait pas bien le travail demandé alors qu'elle en était tout à fait capable. J'étais vraiment étonnée de la différence avec l'année précédente. J'ai donc été discuter avec les enseignantes de 1re et 2e primaires. Celles-ci m'ont expliqué qu'elles avaient compris le fonctionnement de Julie : elle était incapable de faire une feuille entière d'exercice et donc pendant les deux premières années elle avait comme consigne de ne plus faire que les trois premiers exercices pendant que le reste de la classe faisait toute la feuille. Puis on lui passait la feuille suivante de la journée. Quand les trois premiers exercices de toutes les feuilles étaient faits, elle faisait les trois suivants de chaque page. C'était vraiment super gentil de leur part, mais in fine Julie n'a jamais appris à faire une page entière. Valérie, maman de Julie, 12 ans

La cour de récréation peut être une vraie jungle pour ces enfants HP hypersensibles et soucieux de la justice.

Le haut potentiel est de plus en plus connu aujourd'hui, mais souvent c'est mal compris, mal interprété. Les parents attendent beaucoup de l'école pour leurs petits zèbres, mais cette attente est complètement irréaliste. Jamais les enseignants ne pourront adapter leur enseignement aux particularités de chaque enfant. Pensons bien que sur les vingt-cinq élèves de sa classe, il a des enfants avec des troubles du développement, des enfants hyperactifs, d'autres avec un trouble de l'attention, des HP, des enfants déprimés souffrant de la séparation de leurs parents, des enfants rois…

Notre rôle de parent par rapport aux enseignants est de les laisser gérer ce qui se passe en classe. Mais notre rôle est aussi d'être vigilant quant aux difficultés de nos enfants, vérifier qu'ils ne souffrent pas des moqueries. Si c'est le cas, il ne faut pas blâmer l'enseignant mais plutôt donner des armes psychologiques à l'enfant. Des moqueries, il en aura toute sa vie.

Thomas est venu en consultation car il souffrait des moqueries des autres enfants pour sa petite taille. Le diagnostic de haut potentiel donné l'a fait avancer d'un grand pas. Après trois séances de thérapie, je lui ai demandé comment il vivait ses moqueries. Il a répondu avec un grand sourire : *Je les plains, ils n'ont sans doute rien de mieux à faire.* Les moqueries ont peu à peu diminué car les enfants se sont bien rendu compte que cela ne faisait plus d'effet.

Certains enfants HP sont parfois réellement harcelés, voire agressés physiquement. Ces enfants ont évidemment besoin d'aide vis-à-vis des autres enfants de l'école. En tant que parents, nous nous devons de prévenir l'école afin qu'elle fasse son travail. Quand l'école est prévenue, la difficulté pour les parents est de laisser l'école gérer cette situation, en vérifiant auprès de notre enfant que le harcèlement a cessé. De nouveau, il peut être requis de démarrer une thérapie pour apprendre aux enfants à ne pas se laisser faire. On peut constater qu'un adulte harcelé est une proie facile pour les harceleurs.

Nos enfants ne doivent pas grandir avec cette image d'eux-mêmes, ni rentrer dans un cycle de harcèlement.

F. Rôle des enseignants

Certaines adaptations sont proposées aux enseignants par la communauté française de Belgique pour aider le HP :

– Donner des travaux pour aller plus loin.

Les HP scolaires apprécieront d'avoir plus de travail, mais l'enfant non scolaire, celui qui, en général, dérange plus l'enseignant, verra ça comme une punition.

Tu ne te rends pas compte, je faisais bien mon travail, et vite. Alors le prof m'a donné plus à faire que les autres. Ce n'est pas juste ! Alors j'ai trouvé la solution, je vais tout doucement et fais des fautes exprès, comme ça, j'ai la paix. Tom, 10 ans.

– Faire des exposés

Le jeune HP a des sujets d'intérêt bien différents de ceux des enfants de sa classe. Lui demander de faire un exposé sur un sujet qu'il apprécie peut augmenter les stéréotypes des autres enfants.

Madame m'a proposé de faire une causerie. J'ai décidé de prendre comme sujet la mythologie grecque. C'est vraiment un sujet qui me passionne. J'ai donc préparé cette causerie. J'ai fait six panneaux pour illustrer ma causerie, et j'ai parlé pendant une heure. Cela m'a fait mal, parce que madame m'a arrêté avant la fin. Les autres n'avaient pas l'air du tout intéressés. Et à la récréation, ils se sont moqués de moi, m'appelant « l'intello de service »... Deborah, 9 ans

Beaucoup de jeunes HP vivent la moquerie au quotidien. Leur sensibilité à ces moqueries fait que les autres s'en donnent encore plus à cœur joie. Quand le jeune apprend qu'il est HP, tout un travail peut être fait pour qu'il ne soit plus touché par ces moqueries. Cela n'amuse plus les autres qui arrêteront de l'ennuyer.

Faire un exposé peut aussi se révéler une épreuve pour le jeune HP.
Il n'a pas les mêmes centres d'intérêt que les autres ce qui peut encore mettre plus en évidence le décalage.

– Faire des travaux de groupe

Les travaux de groupe pourraient être un moyen d'aider l'enfant à haut potentiel à se socialiser, mais bien souvent, c'est l'inverse qui se produit et c'est au rejet que l'enfant sera confronté : il a des idées mais il est souvent incompris. Ses idées ne passent pas, on ne l'écoute pas et il doit se résigner à suivre les idées des autres. De plus, la formation de groupes peut être un moment vraiment traumatisant pour l'enfant : on ne veut de lui nulle part.

Tu te rends compte, on devait se mettre en groupe, mais personne ne voulait de moi. J'ai été le dire au prof. Elle a demandé tout haut : « Qui veut bien être gentil et prendre David dans son groupe ? » Personne ne voulait, alors elle a tiré un groupe au sort. Le groupe dans lequel j'ai été ajouté a poussé des cris. Cela m'a fait mal. David, 11 ans

– Du tutorat

Proposer à l'enfant qui a des facilités d'aider ceux qui en ont moins. Cela peut être positif si tous les enfants sont par moment tuteurs des autres.

Chacun a des facilités dans l'un ou l'autre domaine. Le HP a aussi des difficultés et peut avoir besoin de l'aide des autres.

L'enfant à haut potentiel doit avant tout apprendre à s'adapter à son environnement. Il en est tout à fait capable, même si c'est difficile. En tant que parent il est important de savoir ce que nous souhaitons pour nos enfants. La plupart d'entre nous répondra que notre souhait est le bonheur de celui-ci. À bien réfléchir, pensez-vous qu'enlever toutes les difficultés qui se présentent à lui soit le meilleur moyen de le rendre heureux et épanoui ? Bon nombre d'adultes HP qui n'ont pas réussi à s'adapter à l'école se retrouvent en grosse difficulté à l'âge adulte.

Le rôle de l'enseignant est donc d'aider l'enfant à haut potentiel à s'adapter, à comprendre ce qu'on attend de lui et à l'encourager dans ses efforts.

Quand l'enseignant change le travail pour aider le HP, cela peut lui porter préjudice. Plus tôt l'enfant aura compris ce qu'on attendait de lui, moins il y aura de conflit et d'opposition quand il sera adolescent.

©2014 Pierre Hector

Même si les enfants HP sont souvent difficiles pour les enseignants, ils ont besoin d'une certaine reconnaissance et de beaucoup d'encouragements.

L'enseignant doit apprendre à l'enfant HP à faire les exercices comme c'est demandé et pas comme il le ressent. Il faut lui expliquer qu'il doit suivre la procédure parce que l'enseignant doit savoir comment il arrive à la bonne réponse. Commencer la leçon en lui mettant un exercice très difficile, qu'il ne peut résoudre sans utiliser la procédure lui permettra de comprendre le sens de ce travail.

Ce qui aidera le plus l'enfant à haut potentiel qui, la plupart du temps, manque de confiance en lui, sera d'utiliser les renforcements positifs : le féliciter pour ses efforts, l'encourager quand cela ne va pas. Tous les enfants ont besoin d'être encouragés, mais le HP, qui a une vision tellement négative de lui, qui a tendance à ne voir que ses erreurs, qui souvent se trouve plutôt idiot, en a encore plus besoin que les autres.

Un autre besoin de l'enfant HP à l'école est d'avoir un cadre très précis. Les HP ont, en général, d'assez grosses difficultés à supporter les injustices. S'ils ne savent pas de manière précise ce qui est autorisé et ce qui est interdit et qu'ils ne connaissent pas les conséquences directes de leurs actes, ils pourront éprouver des difficultés à accepter l'autorité. Certains enseignants font des tableaux avec des points verts et des points rouges. Quand l'enfant a un comportement correct, il obtiendra un point vert et quand son comportement va à l'encontre du règlement qu'il connaît, il a un point rouge. En général, avec ce système, le comportement de l'enfant HP évolue très rapidement.

Avec des enfants vraiment plus difficiles, un travail peut se faire à trois : psychologue, famille, école. L'enfant rentre le soir avec un carnet de comportement où les points verts et rouges sont notés. Certains enfants ont besoin d'avoir une récompense si le comportement évolue positivement. Là, il est facile de travailler en régulant les minutes d'écran.

Exemples de règles	L	M	M	J	V
Lever le doigt pour demander la parole					
Rester assis quand on travaille					
Se taire quand on le demande					
...					
...					
...					
Respecter les autres : pas frapper, pas insulter...					

Les règles doivent être claires et précises

G. Éducation

Il est nécessaire de différencier de nouveau les HP. En effet, plusieurs profils d'HP existent qui ont des besoins éducatifs totalement différents. Ces profils différents ne sont pas nécessairement liés au fonctionnement hémisphérique même s'il apparaît qu'une plus grande proportion d'HP séquentiel est plus dans la catégorie d'enfants suradaptés qui essayent de correspondre à ce qu'on leur demande.

D'autres facteurs influencent aussi le comportement des enfants. Quand, dans une famille, un enfant pose problème, il focalise l'attention des parents sur lui. Les autres enfants ne peuvent faire autrement que se conformer aux demandes des parents sous peine de voir la famille complètement anéantie.

Bien entendu l'éducation aussi depuis la toute petite enfance influence le comportement de l'enfant. Certaines familles, parfois trop cadrantes, peuvent faire rentrer l'enfant dans une sorte de carcan éducatif qui l'empêche de développer sa vraie personnalité. D'autres familles, trop peu cadrantes n'apprendront pas à l'enfant à respecter les règles.

1. *L'enfant suradapté, perfectionniste*

Ce type de profil est un enfant très facile à éduquer. Il aime obéir. Il le fait sans poser de question.

Isabelle est une petite fille qu'on pourrait qualifier de parfaite, elle obéit presque avant qu'on lui demande quelque chose. En famille, quand je demande un service, c'est toujours elle qui réagit la première. Depuis toute petite, je crois qu'on n'a jamais dû la punir. Même à l'école, elle est assidue et cherche à avoir de très bons points. On pourrait penser que c'est l'enfant idéal que tous les parents rêveraient d'avoir. Mais notre petite Isabelle ne va pas bien, elle a de grosses angoisses, et ce qui nous inquiète

©2014 Pierre Hector

L'enfant HP, suradapté, qui fait tout pour plaire aux autres, qui obéit presque avant qu'on lui demande, est presque un enfant « parfait ». Mais est-il vraiment heureux ? Ne passe-t-il pas à côté de sa vie ?

le plus, c'est que depuis quelque temps, elle développe des rituels pour les apaiser. La psychologue que nous avons consultée a parlé de troubles obsessionnels compulsifs. Elle se met une pression terrible tant à l'école qu'à la maison. Anne-Catherine, maman d'Isabelle, 9 ans

Quand nous avons ce genre d'enfant en stage, le premier jour, ils ont ce fonctionnement parfait. On leur donne alors le défi de faire une bêtise, et on les aide à la faire. À la fin du stage ils ont changé.

En famille, on peut aussi aider l'enfant à se lâcher. Bien souvent ce profil est également présent chez un des deux parents qui a beaucoup de difficultés à faire des erreurs. L'enfant fera pareil par mimétisme. Un petit moyen tout simple de les aider est de rire nous-mêmes de nos bêtises.

Les adultes qui ont eu ce profil d'enfant « parfait » ont souvent l'impression de « passer à côté de leur vie ». Ils ont toujours fait ce qu'on attendait d'eux sans vraiment connaître leurs propres désirs. Ils font le métier qu'ils ont étudié, correspondent à ce qu'on attend d'eux, mais à côté de cette vie bien réglée, ils se sentent souvent las. Ils ne parviennent pas à mettre un sens sur leur vie.

Quand ils apprennent qu'ils sont HP, on a l'impression qu'ils commencent enfin à vivre. Comme s'ils étaient un diamant dans un écrin et qu'on commençait à ouvrir cet écrin. Le diamant commence à briller.

J'ai 43 ans et toute ma vie, j'ai essayé de correspondre à un idéal de perfection. Perfection que bien sûr, je n'ai jamais réussi à atteindre. Ce qui était pour moi une réelle frustration. J'étais torturée, il fallait que tout le monde m'aime, pense du bien de moi. Tout n'était jamais assez bien fait. La responsable de mon service m'a conseillé de consulter car elle se rendait compte que je n'allais pas bien. La psychologue a directement perçu en moi ce perfectionnisme et m'a orientée vers un diagnostic d'HP. Cela date de 2 ans. Depuis, je fais des erreurs, certains ne m'aiment pas, j'ose dire non aux personnes et peu à peu, je commence à réaliser que ma vie devient extraordinaire. J'ai rencontré l'homme de ma vie. Il accepte mes qualités et mes défauts, comme moi aussi, j'accepte les siennes. Maryline, 43 ans

Dans ce profil d'HP parfait, on perçoit énormément de perfectionnisme. Les personnes en souffrent car elles ne voient jamais positivement leurs réalisations, la perfection n'étant pas de ce monde.

Ce perfectionnisme quand il est compris et contrôlé peut devenir une vraie richesse. De nouveau, quand la personne comprend son fonctionnement d'HP, elle peut « changer de lunette » et essayer de regarder tout le positif de son travail. Le plus simple reste d'essayer d'écouter ceux qui nous aiment. Les personnes qui nous aiment réellement ne diront pas que notre réalisation est bien si ce n'est pas le cas. Elles sont franches et parfois diront que c'est améliorable.

Quand une personne qui nous aime trouve que notre travail est bien réalisé, elle nous le dira aussi, et du coup le HP pourra le croire. Un HP perfectionniste est un bien mauvais juge de ses propres travaux.

Une fois que ce mode de fonctionnement est compris, le HP perfectionniste pourra apprécier ce qu'il fait, mettant de côté les petites imperfections.

Une des capacités des HP est d'avoir un sens de l'humour assez particulier. Apprendre à rire de nos petites ou grandes erreurs permet de les supporter. Mais pour y arriver, il faut faire tout un chemin d'acceptation de qui on est. Être HP, c'est être excessif. Ainsi on a des capacités énormes dans certains domaines mais des difficultés extrêmes dans d'autres domaines.

On demande au HP de rentrer dans le moule. De devenir comme les autres.

Je pourrais parler de mon vécu personnel, un souvenir qui m'est arrivé à un examen en fac de psychologie. Grand auditoire, stressée par l'examen, on reçoit les copies. C'est un questionnaire corrigé par ordinateur, il faut donc utiliser un bic noir et pas de Tipp-ex. Ils demandent tout d'abord de mettre notre matricule. Je prends ma carte d'étudiante, et me trompe de chiffre. J'appelle la surveillante qui vient avec beaucoup de compassion me donner une autre feuille. Je me concentre très fort, et me trompe une seconde fois. À la troisième erreur, elle est venue remplir mon matricule à ma place. C'est arrivé après que j'ai appris que j'étais HP. Intérieurement, je savais donc que c'était mon émotivité qui me jouait ce tour, j'ai donc pu ne pas dramatiser la situation et en rire. J'ai très bien réussi cet examen. J'aurais vécu cette scène avant de me savoir HP, je crois que j'en aurais pleuré et surtout, l'examen aurait certainement été raté.

Apprendre à se connaître, apprendre à aimer ses qualités ET ses défauts, apprendre à s'aimer pour ce qu'on est, c'est ce qui fait de nous des HP épanouis et bien dans leur peau.

On pourrait définir l'éducation comme une manière de rendre l'enfant autonome et épanoui. Accompagner ces « enfants parfaits », qui veulent à tout prix plaire aux enfants ; devient alors un challenge. Très jeune, ils iront jusqu'à nier leur propre personnalité pour essayer de correspondre à ce qu'ils pensent qu'on attend d'eux. Certains jeunes HP iront jusqu'à faire les études conseillées par leurs parents car ils ne savent pas ce qu'ils aiment réellement.

Ces enfants ont besoin de découvrir qui ils sont réellement. Les mettre dans des groupes avec d'autres enfants HP les aidera à oser être eux-mêmes. Ils verront qu'ils peuvent être aimés, acceptés sans devoir se déguiser.

Il argumente, discute, questionne sans arrêt. C'est fatiguant !

2. *Le HP difficile à cadrer*

À la fois ange et démon, susceptible, presque irascible : éduquer un enfant HP n'est pas une sinécure.

Je n'en peux plus ! Alban est insupportable. Dès qu'on lui demande quelque chose, il discute. En plus, il a souvent raison dans ce qu'il dit. Alors je ne sais plus que lui répondre. À l'école aussi, l'enseignante se plaint sans arrêt de son comportement. Pourtant, je sais qu'il est gentil et que c'est plus un problème de forme. Anne, maman d'Alban

La plupart des parents d'enfants HP disent qu'ils sont nés ados. Déjà tout petit, ils discutent, refusent, argumentent. Les parents se sentent souvent débordés.

Quand on observe un enfant HP dans une famille, bien souvent on en découvre d'autres. Dans ces familles les parents ont aussi une forte probabilité d'être HP. Le profil HP est en effet lié à l'hérédité. Ces familles sont donc souvent très riches, mais aussi, bien souvent, sont de véritables bombes prêtes à exploser à tout moment. En tant que maman de quatre enfants HP, j'aurais bien aimé avoir des « trucs tout faits » pour éduquer de tels enfants. Même si les solutions miracles n'existent pas, quelques simples conseils peuvent être donnés. Avant toute chose, je tiens ici à vous confirmer dans votre rôle de parents. C'est un métier bien difficile que celui d'éduquer un enfant. L'éduquer, c'est l'aider à devenir autonome, adulte... On pourrait presque dire que c'est l'aider à être un adulte debout qui peut se passer de ses parents.

L'enfant HP peut être insupportable à la maison mais « parfait » à l'école.

Plusieurs cas de figure se présentent :

1. L'enfant qui est facile à l'école mais difficile à la maison

Les parents arrivent excédés en consultation disant que leur enfant est insupportable à la maison. Il discute toutes les règles, fait de grosses colères, répond à l'adulte. Ils sont très étonnés qu'à l'école et en dehors de la maison, ils ne reçoivent que des compliments sur le comportement de leur enfant. Leur culpabilité est souvent grande, se disant qu'ils doivent avoir « raté » quelque chose puisqu'en dehors de la maison tout va bien. Ils ont l'impression d'être de mauvais parents qui passent leur temps à se fâcher, à crier, à punir.

Notre retour les aide énormément. Nous leur disons que contrairement à ce qu'ils pensent, si l'enfant a un comportement correct en dehors de la famille, c'est qu'ils ont très bien fait leur travail d'éducateur. Leur enfant a bien compris les règles de la vie en société. De plus, le fait que l'enfant est difficile en famille, montre clairement qu'il y a un cadre et des limites.

Nous leur donnons alors quelques conseils éducatifs pour aider ce genre d'enfants à accepter les règles familiales. Bien souvent, il suffit de quelques jours pour que l'harmonie règne en famille.

Ces conseils seront expliqués à la fin du chapitre.

2. L'enfant qui est difficile à l'école mais facile à la maison

Les parents arrivent avec leur enfant sur la demande de l'école. Les enseignants n'en peuvent plus. L'enfant HP discute tout, ne reste pas en place, répond, papote et distrait les autres. Parfois son comportement peut même se révéler violent en cours de récréation. Les parents disent que l'enfant pourtant est très facile à la maison. Ils ont souvent tendance à critiquer les enseignants comme si c'était eux qui ne parvenaient pas à travailler avec leur enfant.

Notre rôle alors n'est pas facile. Nous devons essayer, avec délicatesse et fermeté, d'expliquer qu'en général, quand ce genre de cas se présente, c'est qu'il y a peu ou pas assez de limites en famille et que l'enfant n'a pas appris comment il devait se comporter en société.

La réaction des parents varie.

Certains vont accepter de se remettre en question. Un travail familial peut alors démarrer qui aura des répercussions rapides sur le comportement scolaire de l'enfant.

D'autres parents vont refuser nos remarques. Ils diront qu'ils cadrent beaucoup.

On essaye alors de leur expliquer que cadrer un enfant HP n'est pas facile, que ce sont des enfants qui ont tendance à tout remettre en question, à discuter nos demandes et à ne pas obéir directement.

Certains écouteront et se mettront en route, mais d'autres quitteront le cabinet déçus. Pour ceux-là, on ne peut qu'espérer que le déclic se fasse plus tard et que les parents prennent la mesure de la nécessité d'aider leur enfant à vivre dans un cadre plus strict.

Arthur, enfant unique avait un comportement très agressif avec les autres enfants et même avec les animateurs lors d'un stage organisé par l'asbl : violence physique et injures. Nous avons dû le cadrer énormément et conseillé un suivi familial. En consultation, la relation entre les parents semblait assez conflictuelle : dès que le papa essayait de mettre des limites, la maman défendait son petit bonhomme disant qu'il allait le traumatiser. Arthur était suivi depuis ses 4 ans par des psychologues qui, à chaque fois, conseillaient de mieux fixer les règles familiales, mais les parents n'ont jamais vraiment accepté. Nous avons donc proposé quelques rendez-vous pour aider les parents à se mettre d'accord et à mettre en place un cadre. Ceux-ci ont annulé les rendez-vous.

C'est parfois difficile de se remettre en question, pourtant éduquer un enfant HP n'est pas un long fleuve tranquille. On peut par moment avoir besoin d'aide. J'en sais quelque chose ! Même moi, psychologue, spécialisée dans le haut potentiel, j'ai souvent dû demander de l'aide à d'autres collègues pour mes propres enfants.

Pour les enseignants, les enfants HP ne sont pas toujours des enfants faciles : ils discutent, remettent tout en question.

Les repas familiaux peuvent être un moment difficiles.

3. L'enfant qui est difficile à l'école et difficile à la maison.

Ce dernier cas est similaire au cas précédent, à la différence que les parents seront plus à la recherche d'une solution. Ils vivent difficilement le comportement à la maison de leur enfant et acceptent donc plus facilement de travailler les limites posées à la maison.

Quand l'enfant est bien pris en main à la maison, la plupart du temps, le comportement à l'école s'améliore aussi.

3. *Comment mettre des limites à un enfant HP ?*

Comme déjà expliqué plus tôt, il faut se rendre compte que l'enfant à haut potentiel a des grosses difficultés à supporter les injustices. Nous pourrions même dire qu'il a de grosses difficultés à supporter «ce qu'il croit être injuste».

On pourra comprendre facilement ce genre de difficulté avec un simple exemple de la vie de tous les jours. La scène se passe à un repas familial. Tom, second de la famille, est HP. Il éprouve des difficultés à rester assis. Il se lève une première fois. Son papa lui dit alors doucement : «Tom, assieds-toi». Tom se rassied, mais deux minutes plus tard, il est de nouveau debout. Un peu énervé le papa hausse fermement le ton : «Tom, assieds-toi !!!!!!» Tom se rassied, mais de nouveau quelques instants après il se relève. Son papa lui dit alors : «Tu n'auras pas de dessert». Tom part alors dans une violente colère disant que son père est injuste.

Tom est furieux. Son papa a eu trois manières différentes de réagir pour un même comportement. Un enfant HP peut vivre ça comme une injustice. Si Tom avait su, avant de se lever de table, qu'un tel comportement aurait comme conséquence de ne pas avoir de dessert, il aurait accepté la sentence sans rechigner.

Pour un enfant à haut potentiel, le cadre doit être très clair et très précis. Les parents devraient mettre en place une forme de règlement familial, avec des règles très précises :

– Quand je rentre, je range mes chaussures dans l'armoire

– À table, je reste assis

– Quand papa ou maman m'appellent, je viens directement

Pour commencer, cinq règles par enfant seront suffisantes. Le règlement doit être pour toute la famille. Chaque enfant aura cinq points mais tous devront respecter l'entièreté de celui-ci. Donc s'il y a trois enfants, il y aura quinze règles pour toute la famille. Cela permet aux enfants de ne pas avoir que du négatif.

Comme à l'école, un panneau avec le nom de chaque enfant permettra de veiller au respect du règlement. Quand l'enfant respecte une règle, qu'il fait un effort, il a un point vert, quand il ne le respecte pas, il reçoit un point rouge. Chaque membre de la famille devra signer le règlement pour « officialiser », l'enfant ne pourra plus dire qu'il ne savait pas.

Les points rouges et les points verts doivent avoir des conséquences pour l'enfant. Certains enfants fonctionnent bien avec des punitions, d'autres avec des récompenses. En général les parents perçoivent avec quel moyen leur enfant est le plus stimulé.

La récompense pourrait être un petit jouet, une petite pièce, ou des minutes obtenues en temps d'écran. En comptabilisant les minutes d'écran, les parents gèrent aussi ces moments qui souvent durent trop longtemps chez les enfants. La punition pourrait être l'inverse : supprimer les temps d'écran, ne pas donner la pièce ou le petit jouet promis à l'enfant en cas de bon comportement. Les récompenses et punition ne doivent pas être les mêmes pour tous les enfants d'une même famille : si Antoine n'est pas intéressé par le dessert, le priver de dessert n'aura aucun impact sur lui, par contre le priver de dix minutes de Play Station pourra avoir un impact énorme sur lui. À l'inverse de sa petite sœur Léa qui n'a absolument aucun intérêt pour la Play Station mais mettra beaucoup de plaisir à manger son dessert. De nouveau, dans un souci de justice, tout ceci doit être expliqué aux enfants avant de mettre le règlement en place.

Pour les petits enfants, avant six ans, il est préférable que les conséquences de leurs actions ne soient pas trop loin dans le temps. Ils respecteront plus le règlement si, chaque jour, ils reçoivent la récompense ou la punition. Le mot punition pourrait être remplacé par le mot conséquence qui est beaucoup plus structurant pour l'enfant.

Par contre, pour les plus grands enfants, récompenser les efforts après une semaine sera plus facile à mettre en pratique.

Ce système fonctionne. Les résultats sont très vite visibles. La difficulté pour les parents est de tenir sur le long terme. Dès que l'enfant est plus sage, les parents sont moins vigilants et les travers reprennent très vite.

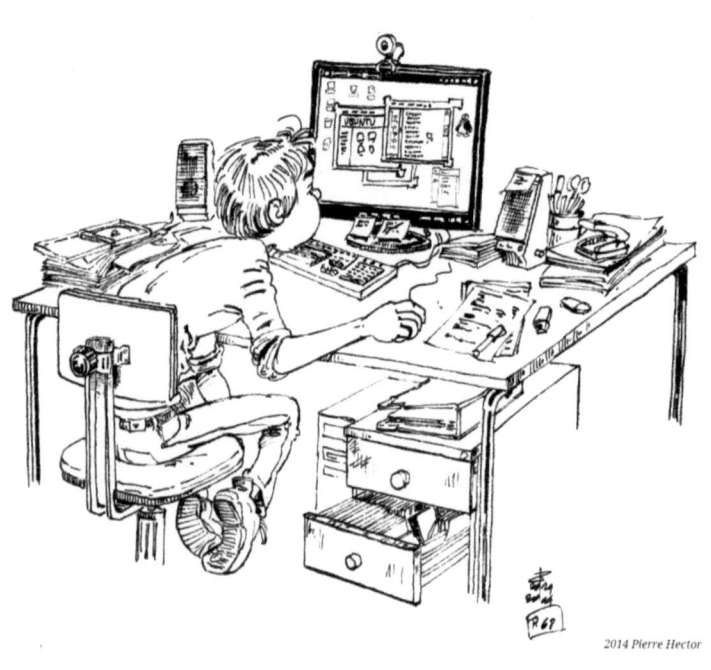

Minuter les temps d'écran en fonction du comportement peut être un moyen de cadrer le jeune HP.

4. *Le couple parental*

Il est nécessaire de faire bloc devant nos enfants. Ceux-ci sont tellement fins qu'ils perçoivent très vite nos failles. Si maman accepte plus, ils iront directement demander à maman, même si papa a dit non. Le règlement permet aussi aux parents de se mettre d'accord. Ce n'est pas toujours facile d'aller dans le même sens. Chacun a son propre vécu familial, avec son propre lot de souffrance. Les parents n'ont pas nécessairement la même vision de l'éducation. Se mettre d'accord entre parents est le préliminaire à tout le reste.

Être parent d'enfant HP n'est pas de tout repos. Nos enfants peuvent être tellement difficiles que des tensions peuvent apparaître au sein du couple. Mon mari et moi avons un jour décidé de sortir une fois par semaine à deux. Nous allions au restaurant et prenions le temps de nous retrouver en couple. Ces moments d'intimité renforcent notre relation et permettent de faire front devant nos enfants. C'est aussi à ce moment que nous remettons le règlement sur le tapis. Quand un des points est bien respecté, nous le remplaçons par un autre.

Quand il y a séparation, s'il n'y a pas entente entre les parents, l'enfant est apte à comprendre que les règles diffèrent d'un endroit à l'autre. Le parent qui cadre peut alors avoir l'impression d'être le « mauvais », parce que l'autre cède à tous les caprices, ne met aucune limite. Bien sûr, les enfants le diront : « Papa au moins lui…, tu es méchante… j'aime mieux papa… avec lui, je peux… » Ces situations sont très dures à vivre. Néanmoins, il faut garder à l'esprit que nos enfants ont besoin de cadre car ils sont vite insécurisés. Le jour où ils auront des difficultés, c'est vers le parent le plus cadrant qu'ils se tourneront.

Quand on est parent d'enfants à haut potentiel, il est indispensable de prendre du temps à deux afin de préserver le couple qui peut être soumis à rude épreuve.

5. *Les services*

La vie familiale est une vie « communautaire ». Les parents ne sont pas les esclaves des enfants. Éduquer, c'est pousser à l'autonomie. Nos enfants ont aussi besoin de se rendre utiles. Tout petits déjà, débarrasser les couverts, mettre la table, vider le lave-vaisselle, sont des petites tâches qui les feront grandir. Ils se sentiront responsables. En grandissant, les enfants n'éprouveront sans doute plus de plaisir à rendre ces services, mais c'est important qu'ils participent à la vie familiale. De nouveau, dans un souci de justice, il est important que ces services soient mis par écrit pour que l'enfant ne se sente pas pris au dépourvu.

6. *Conseil de famille*

Dans notre famille, les moments de repas viraient très vite aux disputes : « Arrête de me regarder, tu fais trop de bruit en mangeant, j'en ai marre… » Nous avons donc décidé d'instaurer une nouvelle règle : À table, on ne peut pas se faire des remarques les uns les autres. Nous avons même élargi cette règle en organisant un conseil de famille. Le dimanche après le repas, nous nous installions à six autour d'une table. Chacun avait droit à la parole mais aussi le droit de dire ce qui n'allait pas. Nos enfants ont ainsi compris ce qu'on demandait et on a pu progresser plus vite. De notre côté aussi, on a pu les écouter et nous remettre en question.

7. *La famille, une « parencratie »*

Je terminerai ce point sur l'éducation dans une famille avec des HP en insistant sur le fait qu'une famille n'est pas une démocratie mais une « parencratie ». En tant que responsables de leurs enfants, ce sont les parents qui sont à la tête de la famille. En dernier recours, ce sont eux qui ont le dernier mot.

Les enfants HP qui, en général, ont un caractère assez fort doivent comprendre au plus tôt que ce sont les parents qui décident.

Chapitre 4 : L'adolescent à haut potentiel

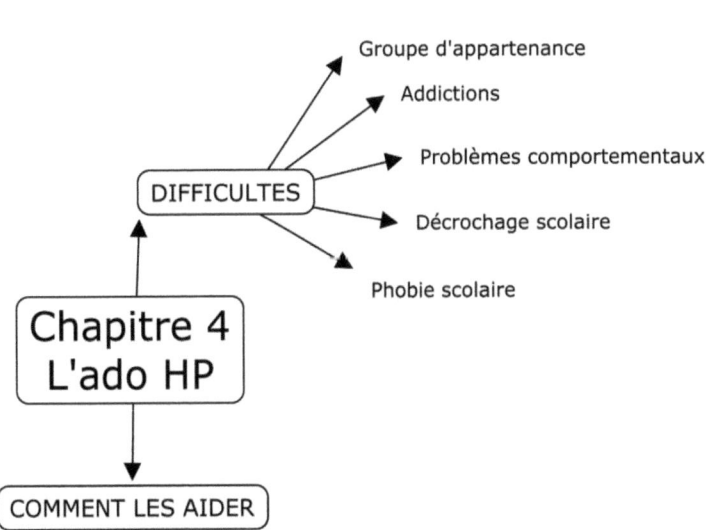

L'adolescence est un passage difficile mais important à faire pour le jeune. Petit à petit, il doit se transformer pour devenir lui-même : un jeune adulte autonome, épanoui et heureux.

Françoise Dolto parle du complexe du homard. Le homard doit changer de peau pour devenir adulte. Quand il perdra sa peau, il sera fragile, proie facile pour les prédateurs. Certains homards agiront en agressant, d'autres en fuyant.

C'est un peu ce que font les adolescents : ils doivent changer, muer, passer d'une identification aux parents à la création de leur identité propre. Certains agiront en attaquant : agressivité, opposition… La vie familiale sera mise à mal. D'autres réagiront en se terrant dans une sorte de lassitude, ils n'auront plus goût à rien.

Si le homard ne mue pas, il meurt. L'adolescence est un passage obligé, nécessaire pour l'épanouissement futur du jeune adolescent.

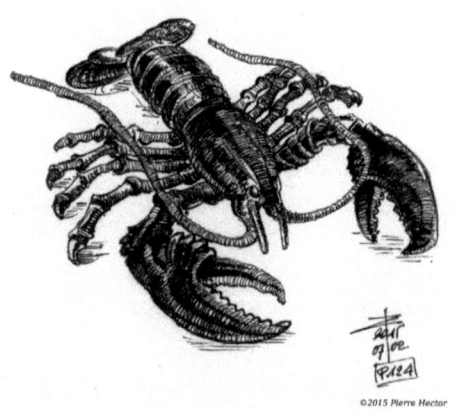

Le homard doit perdre sa carapace pour survivre. Quand il a perdu sa carapace, il est plus faible. Certains réagiront en agressant, d'autres en fuyant. L'adolescent traverse un moment de fragilité. Certains agiront en attaquant, d'autres en fuyant.

A. Difficultés de l'adolescent à haut potentiel

Quand l'adolescent est à haut potentiel, ce passage peut encore être plus difficile. De nouveau, les généralités sont dangereuses. L'ado HP qui veut à tout prix plaire à ses parents pourra passer ce cap sans que rien ne paraisse. Cette crise se fera alors parfois beaucoup plus tard ou alors pas du tout, ce qui n'est pas positif pour la construction de l'identité du jeune. Olivier Revol, célèbre pédopsychiatre affirmera que « Plus intense est la crise à l'adolescence, plus le cap de la quarantaine sera facile à franchir... »[1]. Comme le homard, nos ados ont besoin de franchir ce passage. L'adolescent à haut potentiel pourra vivre excessivement les deux caractéristiques de l'adolescence expliquée par Françoise Dolto.

Il pourra vivre un énorme spleen, une lassitude, un manque de motivation presque totale ou alors il sera dans une opposition énorme contre toute forme d'autorité.

Dans une famille, parfois un des enfants à haut potentiel sera tellement difficile à vivre que les autres passeront ce cap sans trop de difficultés.

Il n'y a donc pas un chemin spécifique pour l'adolescence des enfants à haut potentiel. Certaines difficultés seront juste abordées mais elles ne peuvent être généralisées à l'ensemble de la population. Quelques pistes seront également apportées.

1. Groupe d'appartenance

Les enfants HP qui ont eu un vécu de rejet ou de harcèlement sont, en général, méfiants vis-à-vis des groupes de jeunes de leur âge. Ils sont souvent sur la défensive. Les autres le ressentent et si le jeune n'a pas appris à être fort à l'intérieur

---
1. REVOL Olivier, *J'ai un ado... mais je me soigne*, JC Lattès, Paris, 2006, p. 38.

de lui-même, il risque très rapidement de se retrouver en difficulté à l'école. Le jeune adolescent essaye de créer son identité, pour ce faire il a besoin de trouver un endroit où il se sent aimé et compris. Petit, ses parents lui ont montré combien il avait de la valeur, mais en grandissant il a besoin d'avoir un autre regard positif posé sur lui : celui de ses pairs. C'est toute l'importance qu'a le groupe durant cet âge difficile. Le jeune HP qui ne parvient pas à trouver un groupe d'appartenance se trouve bien seul pour supporter ce passage. Il a besoin de ce regard positif pour pouvoir se dire qu'il est quelqu'un qu'on peut aimer, en dehors du cercle familial.

L'ado a besoin de trouver un groupe d'appartenance où il est accepté pour ce qu'il est par les autres. C'est indispensable pour la construction de son identité.

Le jeune qui ne parvient pas à trouver un endroit où se poser et être bien en dehors de la famille risque de développer une très mauvaise estime de lui : « Si personne ne veut de moi, c'est donc que je ne dois pas valoir grand-chose ».

Une solution pour aider ces jeunes, qui malheureusement essayent de fuir les groupes, serait de leur proposer un groupe de jeunes qui fonctionnent comme eux. Le jeune ado sent alors qu'il n'est pas le seul dans son cas et qu'on peut l'aimer pour ce qu'il est.

Tu sais, dès que j'arrivais en classe, c'est comme si tout le monde s'écartait de moi. Les autres se disputaient pour ne pas s'asseoir à côté de moi. Je ne savais pas que j'étais HP. Je me demandais pourquoi on me rejetait comme ça. La psychologue m'a proposé de rejoindre un groupe de jeunes de mon âge qui étaient aussi HP. Je n'ai pas voulu, j'aime vraiment pas les groupes. Ma mère m'a obligé. J'y ai vraiment été avec les pieds de plomb. J'étais bien décidé à ne pas ouvrir la bouche. Mais quelle ambiance! De l'écoute, du respect, des discussions passionnantes ; je n'avais jamais vécu ça! Thomas, 15 ans

Quand l'ado HP trouve un groupe d'appartenance, bien souvent les choses s'arrangent en classe. Il a moins besoin de la reconnaissance des jeunes de sa classe, est moins sur la défensive et cesse d'être « la bête noire ».

C'était vraiment dur en classe. Toute la journée, on se moquait de moi. J'essayais de me cacher dans les toilettes avec un livre durant les récréations, mais ils m'y ont retrouvé. Le fait d'avoir compris que j'étais HP et surtout d'avoir été dans un groupe de parole où j'ai vu que je n'étais pas le seul à vivre ça m'a beaucoup aidé. J'ai réussi à relativiser les moqueries. Ce qui m'a étonné c'est que les autres ont arrêté. C'est encore plus immonde de leur part, quand leur moquerie n'a plus fait d'effet sur moi, ils ont choisi quelqu'un d'autre. Alexis, 13 ans

Certains HP tomberont dans les addictions. Au début, souvent pour être «dans le coup», mais rapidement, cela les aide à ne plus trop penser.

2. Addictions

Pour « faire partie du groupe », le jeune HP peut commencer à boire, à fumer et même parfois à se droguer. Au début, ce sera « juste une fois », pour faire comme tout le monde.

Quand le jeune réalise que fumer du cannabis, ou boire de l'alcool permet de ne plus penser, l'addiction n'est pas loin. Certains jeunes HP y tomberont. Le problème de la drogue, c'est que le jeune perd peu à peu sa motivation, son énergie, son désir d'être heureux. Cela devient un cercle vicieux : je me sens mal, quand je fume je n'y pense plus, mais du coup quand je ne fume pas, je me sens de plus en plus mal. Étudier devient peu à peu impossible.

Je suis tombé dans la « beu » à 13 ans. J'étais en deuxième secondaire. Des potes de ma classe m'en ont proposé. Je n'ai pas osé dire non. J'avais peur qu'une fois de plus, on me rejette. Je n'ai pas aimé cette expérience. Mais pour faire comme les autres j'en ai repris plusieurs fois. Les problèmes ont commencé quand j'ai commencé à apprécier ces moments. Je ne pensais plus à rien, je m'éclatais, tous les soucis avaient disparu. Antoine, 22 ans

Les troubles alimentaires sont aussi présents chez les jeunes ados HP. Dans le cadre des addictions il faut clairement consulter. Le jeune dira toujours qu'il peut s'en sortir, mais il s'enlise de plus en plus. Heureusement tous les jeunes ne tomberont pas dans les addictions.

3. *Problèmes comportementaux en famille*

Quand le jeune ado HP, durant son enfance n'a pas été suffisamment cadré, il éprouvera beaucoup de difficultés à accepter les règles.

Farid a 14 ans. Il paraît plus que son âge. J'ai demandé à Farid de rentrer tous les soirs au plus tard à 18 h. Il traîne avec ses amis dans la rue. Mais Farid ne respecte pas ce que je demande. Il me rit au nez et dit qu'il est grand. Il rentre tous les soirs vers 20 h. J'avoue que j'ai toujours eu très difficile de lui mettre des règles. Depuis tout petit, il n'en fait qu'à sa tête. Aujourd'hui, je ne sais plus quoi faire. Myriam, maman de Farid, 14 ans

À cet âge, il est beaucoup plus difficile de commencer à cadrer. Un travail en systémique, permettant à chacun de retrouver sa place dans la famille pourrait aider.

4. *Décrochage scolaire*

La plupart des enfants à haut potentiel ont réussi leurs primaires sans vraiment travailler. Ils s'y mettaient parfois un peu avant les périodes d'examens. Arrivés en secondaire, ils commencent à travailler… un peu… mais sans réelle méthode de travail. Certains réussiront encore quelques années, mais à un moment, les résultats ne sont plus à la hauteur de leurs espérances.

Ils perdent la foi en leurs capacités : « Je suis nul. Jamais je ne terminerai mes études. J'en suis totalement incapable » Farid.

Quand on se croit incapable de réussir, le cerveau se bloque. Le jeune ne se mettra plus au travail. Il fera le strict minimum. Les échecs tomberont peu à peu et le jeune perdra pied.

En primaires, j'avais de très bonnes notes. Je travaillais très peu, ne lisant mes cours que la veille des examens. Puis je suis passé en secondaires. La première année, cela a été tout juste, mais c'est vrai que je ne faisais pas grand-chose. En deuxième, à Noël, j'ai raté trois examens. J'avais l'impression que c'était foutu. Mes parents et mes profs n'arrêtaient pas de dire que j'étais paresseux, que j'avais des capacités mais ne bossais pas assez. Pourtant j'ai essayé de travailler, mais cela ne marchait pas. Alors j'ai baissé les bras. J'ai dû doubler ma 2ᵉ. Je l'ai recommencée me disant que c'était facile vu que j'avais déjà vu la matière. Mais comme je ne travaillais toujours pas, les échecs étaient toujours là. On m'a mis en professionnelles. Je n'aimais pas les autres. Je n'aimais pas la matière. Je n'ai toujours pas commencé à travailler. Aujourd'hui, j'ai 22 ans. Je prépare le jury central pour passer mon CESS dans une école de promotion sociale. Je regrette vraiment toutes ces années perdues ! Marc, 22 ans

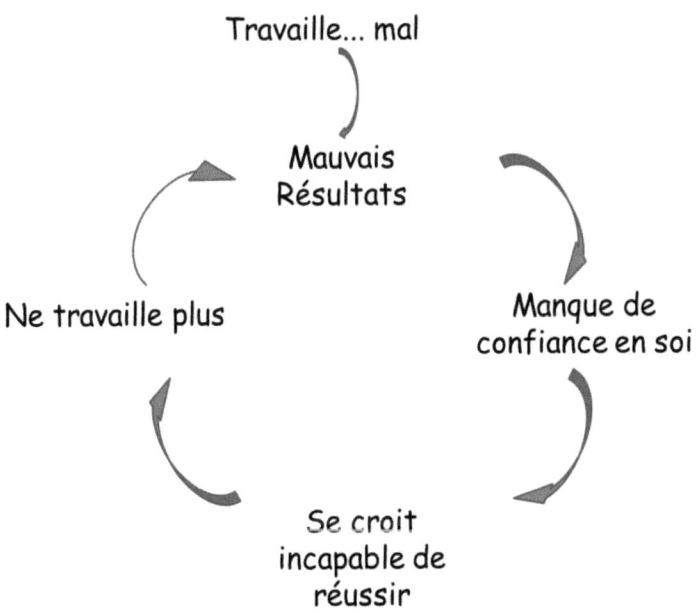

Cercle vicieux de l'apprentissage scolaire chez le jeune HP neurodroitier.
Ce cercle peut arriver durant les secondaires ou même à l'université. A un moment, le jeune qui n'a jamais appris à travailler est bloqué et perd confiance en lui.

Habituellement, l'enfant commence à travailler dès le début des primaires. Il ira jusqu'où il est capable d'aller. Le jeune HP non scolaire sautera de marche en marche, souvent au moment des examens. Mais à un moment, la marche sera trop haute. Ce moment peut arriver en cours des secondaires ou même à l'université.

Ce qui a remis Marc en route à 22 ans, c'est la découverte de son haut potentiel. Il a compris qu'il avait des capacités et qu'il pouvait étudier. Après quelques séances de coaching où on lui a donné des outils pour réussir, il a pris son envol. Le premier désir de Marc était de devenir architecte. Il y arrivera.

Le jeune HP qui décroche, se croit complètement incapable de réussir. Quand on leur explique qu'ils ont beaucoup de capacités, la plupart du temps, ils se remettent en route.

5. *Phobie scolaire*

Aujourd'hui, l'école, ça se négocie. Les jeunes commencent par avoir mal au ventre, mal à la tête. Ils vont voir leur éducateur qui les renvoie à la maison. Ce mal-être augmente en fréquence et en intensité. Le jeune manque de plus en plus de cours pour raison « de santé ». Mais quand des examens médicaux sont pratiqués, il n'y a rien de pathologique. On parle alors de stress.

Un certificat médical couvrira alors le jeune pour un mois, voire plus. Et le jeune plonge dans une spirale infernale. Cette phobie scolaire est en réalité de la phobie sociale : le jeune a peut-être vécu du rejet, de la mise en quarantaine ou du harcèlement. Il n'en a pas parlé en famille mais la souffrance est là. Il n'en peut plus. Cette solitude le ronge.

On revient de nouveau au diagnostic de haut potentiel. Le jeune comprend pourquoi il a des difficultés avec les autres à l'école. Des techniques thérapeutiques peuvent l'aider à renforcer sa confiance en lui, son estime. On leur propose ensuite de participer à des groupes de jeunes de leur âge qui sont aussi HP. Peu à peu, ils apprennent à se sociabiliser. Ils découvrent le plaisir d'avoir des relations intenses et chaleureuses. Ils découvrent aussi qu'ils ne sont pas les seuls à vivre ces difficultés.

Les parents de Viviane ont pris rendez-vous pour leur fille âgée de treize ans. Celle-ci refuse d'aller à l'école. Les menaces ne font aucun effet. Quand on amène Viviane à l'école, elle fait des crises d'angoisses énormes, allant jusqu'à se rouler par terre. Après quelques entretiens, Viviane a commencé à parler.

Tu sais, c'était infernal à l'école. Deux filles de ma classe ont monté toutes les autres filles contre moi. Je n'avais que deux « amies », mais elles ont eu peur de continuer à aller avec moi. Elles avaient peur qu'elles aussi on les rejette. Alors elles ont rejoint le groupe des pétasses. C'est vraiment « déguelasse ». Viviane, 13 ans

Aujourd'hui, l'école, ça se négocie. Les jeunes commencent par avoir mal au ventre, mal à la tête. Ils vont voir leur éducateur qui les renvoie à la maison. Ce mal-être augmente en fréquence et en intensité.

B. Comment les aider?

Comme plus d'une fois cité, le fait de recevoir le diagnostic de haut potentiel et de le comprendre est déjà le début d'un nouveau chemin. Au niveau de la réussite scolaire, par l'acceptation du diagnostic, le jeune apprend qu'il a des capacités, alors qu'il se croyait complètement nul. Il retrouvera la motivation, qui est le moteur de la réussite scolaire. Quelques séances de coaching scolaire l'aideront à acquérir une méthode de travail. Ces séances sont vraiment importantes pour que le jeune apprenne à planifier, à s'organiser, à résumer ses cours et à utiliser des outils tels que le mind mapping.

L'exemple de Thomas 13 ans est très parlant. Durant un stage, le groupe d'ados HP travaillait sur la mémorisation: comment apprendre à mémoriser. Notre cher Thomas se balançait d'avant en arrière avec une amplitude d'environ un mètre. J'ai juste demandé à Thomas: ça va, Thomas? Thomas a juste répondu d'un air langoureux: *Ben oui, pourquoi?* Je lui ai dit que ce mouvement dérangeait. Il m'a répondu: *Ben non, je fais pas de bruit.* Les autres sont alors intervenus en disant que c'était vraiment casse-pieds. Il s'est excusé disant qu'il ne se rendait pas compte mais s'est ensuite affalé à moitié couché sur son banc. J'ai ensuite demandé à Thomas s'il se tenait comme ça en classe aussi. Il a acquiescé. Il a mis un peu de temps avant de comprendre qu'en étant vautré sur son banc, il donnait plutôt une image négative de sa participation active au cours. En d'autres mots, il montrait qu'il n'était là qu'en touriste. Thomas ne se rendait pas compte des conséquences de son comportement.

Quand on leur explique en quoi leur comportement pouvait déranger, beaucoup d'ado HP essayent de modifier celui-ci. Cela prend du temps, mais ces jeunes ont envie que les choses aillent mieux. De nouveau, c'est en leur montrant qu'ils sont capables d'y arriver, qu'on leur fait confiance, qu'ils évolueront rapidement vers un mieux.

Quand le jeune est rejeté par les autres, le mettre en contact avec d'autres jeunes qui fonctionnent comme lui, l'aide à relativiser ce rejet. Un autre avantage pour le jeune est qu'il commence à discerner qui, dans sa classe, est HP. Cela lui permettra peut-être de trouver un ami.

Au niveau du harcèlement, parfois le harcèlement est tel que le jeune a besoin de l'aide des adultes pour s'en sortir. Dans certaines écoles, l'équipe pédagogique a vraiment fait un travail extraordinaire avec les harceleurs et les harcelés. Un projet a démarré pour sensibiliser les jeunes à ce vécu traumatisant d'être le mouton noir de la classe. D'autres écoles ont simplement menacé ou puni les harceleurs. Cela peut fonctionner mais parfois cela se retourne encore plus contre le jeune HP qu'on traite de « cafteur ».

Parfois le jeune doit changer d'école, mais il est nécessaire qu'il fasse d'abord un travail sur lui-même afin de ne pas revivre la même situation dans sa nouvelle école.

En conclusion, nous constatons que le départ d'un « aller mieux » passe souvent par l'acceptation du diagnostic ou la compréhension de celui-ci.

Certains psychologues ont malheureusement tendance à donner le bilan sans vraiment expliquer au jeune ce que cela entraîne pour lui. Parfois même, des parents nous contactent car ils ont reçu le bilan par mail et ne savent pas quoi en faire. Ces psychologues ne se rendent sans doute pas compte de l'impact que peut avoir la compréhension du diagnostic.

Dans notre centre, le bilan se fait en quatre rendez-vous qui sont chaque fois espacés d'une semaine. Les personnes prennent donc le temps de s'approprier ce diagnostic. Il faut un peu de temps. Après ces semaines, les questions sont présentes et lors du dernier rendez-vous, les personnes nous disent avoir déjà beaucoup avancé.

Au niveau du comportement, le jeune ado ne se rend pas toujours compte que son comportement pose problème.

J'ai passé un test de QI à 10 ans. Mes parents m'ont dit que j'étais très intelligent. Mouais… je me demande bien où on peut le voir. Les primaires, c'était facile, mais les secondaires, je me sentais complètement débile. Je ne comprenais rien et ai fini par me faire une raison ; jamais je ne ferai d'études. Mes parents m'ont envoyé voir une psy spécialiste des HP. Elle m'a expliqué c'était quoi être HP. Là, c'est devenu clair dans ma tête, en fait j'étais à la fois intelligent et con. Elle m'a donné quelques pistes pour réussir et m'a aidé à me croire capable de réussir. Si on m'avait expliqué ça à dix ans, je crois bien que je n'aurais pas triplé ma 4e. Arnaud, 18 ans

Être HP n'est pas synonyme de malheureux. À l'adolescence, c'est vraiment difficile pour le jeune HP mais l'espoir est au bout du tunnel.

Nous sommes convaincus que ces jeunes ont un bon fond, c'est plus souvent l'extérieur qui est un peu « râpeux ».

Être HP, quand c'est bien compris, c'est un cadeau !

Chapitre 5 : L'adulte à haut potentiel

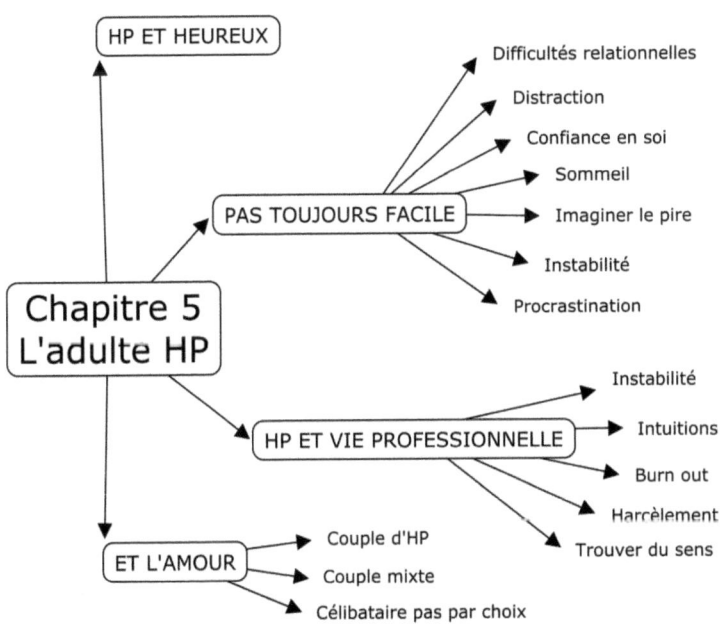

A. HP et heureux !

On parle de plus en plus des personnes à haut potentiel. Elles sont trop intelligentes pour être heureuses, elles sont associables, incapables de s'intégrer, elles souffrent de trop penser, etc.

Alors oui, certains HP ont ces difficultés mais ce n'est pas inéluctable.

Le haut potentiel est avant tout un cadeau, une richesse énorme de pouvoir vivre les choses avec intensité.

La plupart des auteurs et des conférenciers traitant du haut potentiel travaillent dans l'accompagnement des personnes, thérapie, coaching ou autres. Ils sont donc surtout en contact avec des personnes en souffrance.

Être HP, quand c'est compris, c'est un CADEAU !

Quantité de personnes HP vivent très bien avec leur différence. Sans se savoir HP, ils se sont construit une vie sur mesure, écoutant leur ressenti. Ces personnes ne consultent pas. Elles profitent de leurs caractéristiques, de leur richesse intérieure, savourant le fait de ressentir tout très fort. Elles se sentent différentes, mais le voient comme une richesse. Elles sont arrivées à gérer leurs émotions négatives tout en continuant à profiter des émotions positives.

Certains parfois poussent la porte de notre centre Relaxeau. Un ami leur a parlé du haut potentiel et ils sont intrigués. Ils vont bien mais par curiosité, souhaitent passer un bilan. Nous répondons bien sûr positivement à cette demande, partant du principe que se connaître mieux est toujours un plus. S'ils sont diagnostiqués HP, ils repartent avec des mots sur leur différence et continuent à croquer la vie.

On pourrait également penser aux familles avec plusieurs enfants HP. Ils n'éprouvent pas tous des difficultés. Certains s'en sortent vraiment bien et d'autres sont en souffrance.

Notre personnalité se construit en fonction de notre vécu, de nos relations et de notre hérédité. Nous avons donc tous une manière différente de réagir à ce qui nous arrive. Certains ont développé des capacités pour bien vivre leur différence, elle est devenue pour eux une vraie richesse qu'ils n'ont aucune honte à partager, peu importe le retour qu'ils en ont. Ils acceptent ce qu'ils sont.

D'autres ne sont pas parvenus à apprécier ce cadeau. Ils ne comprennent pas, et refusent cette magnifique différence qu'ils ne comprennent pas. Le cadeau est alors un fardeau. La plus grande partie du travail à faire avec eux, est d'abord de poser un diagnostic clair, précis et ensuite de les aider à accepter cette richesse. En général, c'est assez rapide. On constate souvent un « avant » et un « après » diagnostic, même chez des enfants très jeunes.

Nous pourrions disserter de longues heures sur le bonheur. J'aurais juste envie ici de témoigner du bonheur pour moi, aujourd'hui. Pour moi, être heureuse c'est profiter du moment présent, profiter des personnes qui m'entourent, c'est aussi de me réaliser dans un métier passion qui donne un sens à ma vie.

Oui, être HP et heureux, c'est possible !

©2014 Pierre Hector

Quand on comprend son fonctionnement, être HP, c'est vraiment un cadeau !

B. Pas toujours facile d'être HP

Il ne faut toutefois pas nier que pour beaucoup être HP est un fardeau, mais quand on comprend réellement ce qu'on a comme caractéristique, on arrive à le vivre vraiment comme un cadeau!

Ce livre se veut positif! Je souhaite vraiment montrer combien cette particularité du haut potentiel est un cadeau. Cette partie du livre partira du négatif pour donner des pistes pour bien vivre en tant qu'HP.

1. Le HP peut vivre des difficultés relationnelles

Ces difficultés relationnelles sont plutôt des difficultés de communication. Notre manière de parler, les liens que nous faisons ne sont pas les mêmes que ceux utilisés par les personnes non HP.

Ce n'est pas toujours facile de ne pas se sentir compris. Ce n'est pas que le HP est supérieur aux autres, mais on pourrait parler de deux langages en parallèle. Une jolie métaphore dirait que quand un HP parle dans un groupe de personnes qui ne sont pas HP, c'est comme si un anglophone parlait anglais dans un groupe francophone sans savoir qu'il ne parle pas la même langue. Il parle, parle, parle... On ne le comprend pas et on le regarde bizarrement.

Je me rappelle aussi les moments passés dans la salle des professeurs quand j'étais enseignante. Je ne parvenais pas à communiquer avec les autres. Pourtant je ne parlais pas de sujets métaphysiques.

J'essayais de parler des sujets abordés par les autres enseignants mais chaque fois que je parlais, un silence s'ensuivait. Je ne me savais pas HP à ce moment, et c'est vrai que cela me faisait mal. Je me sentais vraiment décalée, idiote, incapable de soutenir une simple conversation.

En général, les HP éprouvent des difficultés dans les relations « en groupe », mais dans le vis-à-vis, en « deux par deux », c'est souvent bien plus facile.

Entre les HP et les normopensants, la compréhension est parfois difficile.

Je pourrais aussi parler d'une petite scène qui nous est arrivée dans un magasin de bricolage. Mon mari et moi passions à la caisse. La caissière nous demande la carte pour obtenir les points, mon mari lui donne et elle nous dit quelque chose. Je comprends les mots mais pas le sens de ce qu'elle veut dire. Je demande alors à mon mari qui est aussi HP s'il a compris. Il me répond que non. On demande alors à la caissière de répéter et elle nous redit la même chose avec d'autres mots. Nous ne comprenons toujours pas. Je lui dis alors que ce n'est pas grave. Elle se retourne vers sa collègue avec un geste disant qu'on n'était vraiment pas des gens très malins. Cette scène se serait passée avant que je sache être HP, je crois que j'en aurais pleuré. Savoir que j'étais HP m'a appris à relativiser ces incompréhensions. Cela m'a aussi appris à parler différemment en fonction des personnes, tout en restant moi-même.

2. *Distraction*

Le fait de penser tout le temps, et que ces pensées partent dans tous les sens nous met souvent dans des situations difficiles. Nous pouvons être d'une distraction assez effarante. De nouveau, quand on ne se sait pas HP, tous ces manquements, toutes ces petites difficultés de la vie de tous les jours nous donnent bien souvent une piètre image de ce que nous sommes.

Pendant toutes ces années, je me suis crue folle. Il m'arrivait de chercher mes lunettes pendant un quart d'heure alors qu'elles se trouvaient sur ma tête. Ou encore ne pas retrouver mes sandales qui étaient à mes pieds. Ce ne sont que deux exemples parmi tant d'autres. J'hésitais à consulter un psychologue pour voir ce que j'avais mais j'avais peur de devoir me faire enfermer. Quand j'ai été diagnostiquée HP, j'ai appris peu à peu à rire de ces petites distractions. J'ai aussi élaboré des plans pour arriver à être concentrée dans des moments importants. Ma vie a vraiment changé du tout au tout. Je dirais que c'est surtout l'acceptation de ce que je suis qui m'a permis d'aller vraiment bien. Marina, 46 ans

Complexe de l'imposteur =

Quand on réussit quelque chose, on ne parvient pas à le voir comme des capacités mais plus comme de la chance

3. Manque de confiance en soi

Depuis tout petit, le HP réalise assez facilement certaines tâches. Certains excelleront dans le dessin, d'autres seront brillants en mathématiques ou en langues, d'autres encore excelleront en musique ou dans d'autres domaines. Bien souvent, ils ne verront pas tout ce qui a été bien réalisé, mais ne s'attarderont que sur le petit défaut, la petite erreur. Ce perfectionnisme peut être très difficile à vivre pour le HP qui peut n'être jamais content de ce qu'il a réalisé.

Quand les autres le félicitent, là, on tombe dans le complexe de l'imposteur. « Oh non, j'ai eu de la chance ».

Marie était étudiante en médecine en 5ᵉ année. Elle est venue passer un bilan car son médecin lui avait dit qu'il pensait qu'elle était HP. Marie a reçu le diagnostic de haut potentiel. Après ses examens de Noël, elle m'a téléphoné, assez fâchée : *Je ne peux pas croire vos chiffres. Si j'étais réellement HP, je n'aurais pas juste S à mes examens.* (S = entre 12 et 14 sur 20). Marie avait besoin d'une meilleure note pour pouvoir choisir sa spécialisation en fin de 5ᵉ année. J'ai demandé à Marie si elle avait étudié. Un peu fâchée, elle me répond « *bien sûr* ». Je lui ai alors demandé combien de temps et elle m'a répondu qu'elle avait commencé une semaine avant les examens. Elle ne se rendait pas compte que travailler juste une semaine et obtenir un S de moyenne était assez exceptionnel en 5ᵉ année de médecine. Je lui ai donc conseillé de travailler trois semaines pour la session de Juin. Après la session de Juin, j'ai reçu un coup de téléphone : Marie avait enfin le grade tant espéré lui ouvrant la porte à la spécialisation de son choix.

Le HP est en général un très mauvais juge de ses propres réalisations. Un simple petit conseil serait d'écouter surtout ceux qui nous aiment. Les personnes qui nous aiment réellement pourront nous dire que ce que nous faisons n'est pas spécialement réussi. Quand ils nous disent que c'est bien fait, l'accepter n'est pas toujours facile, car rien n'est parfait.

Mais l'accepter, c'est aussi avancer vers une meilleure confiance en soi, vers une meilleure vision de ce que nous faisons.

De nouveau, quand le diagnostic du haut potentiel est bien posé et les explications claires, la personne commence à percevoir ce schéma répétitif plus que négatif. Elle peut alors commencer à regarder tout ce qu'elle fait de bien et éviter de chercher la perfection. C'est un peu comme si elle mettait de nouvelles lunettes.

Certains HP éprouveront de grosses difficultés d'endormissement.
Ils ne parviennent pas à trouver le bouton off.

4. *Difficultés d'endormissement*

Nous ne sommes pas égaux devant cette difficulté. Certains HP ont d'énormes difficultés à s'endormir, tellement les pensées se succèdent dans leur esprit. Ils aimeraient trouver le bouton off.

D'autres s'endorment dès que leur tête se pose sur l'oreiller et ont vraiment un sommeil réparateur.

Petit conseil pour ceux qui éprouvent des difficultés d'endormissement: un petit carnet à côté de son lit pour noter toutes les pensées. Une fois que tout est noté, on peut s'endormir plus facilement.

Je ne m'étendrai pas plus sur ce sujet. Il existe quantité de méthodes, de livres ou de spécialistes traitant ce sujet.

5. *Imaginer le pire*

Avoir une imagination débordante est un réel cadeau mais celui-ci peut aussi être un cadeau empoisonné quand cette imagination vire au négatif.

J'ai toujours eu un côté un peu parano. Quand une personne me dit quelque chose, cela part directement dans tous les sens et j'imagine directement le pire. La semaine passée, Maryse, mon amie m'a reproché de lui avoir parlé de manière un peu dure. Cela m'a très fort touché, mais je n'ai rien montré. Pendant toute la semaine j'ai imaginé le pire, allant jusqu'à penser perdre cette amitié qui m'est si importante. Je n'ai quasi pas fermé l'œil durant cette semaine. Hier, j'ai revu Maryse. J'avais beaucoup d'appréhension, mais elle m'a dit bonjour, comme si de rien, n'était.
Cindy, 36 ans

2014 Pierre Hector

Notre imagination peut nous faire imaginer le pire, allant jusqu'aux angoisses et aux phobies.

Imaginer le pire c'est aussi réfléchir beaucoup trop loin mais de manière négative. Je pourrais témoigner de mon propre vécu.

J'étais très phobique de tout ce qui me dépasse, tout ce sur quoi je ne pouvais agir : les orages, les tornades, les tsunamis, les tremblements de terre... Nous partions en vacances en motor-home. Je passais mon temps à guetter le moindre petit nuage pouvant éventuellement devenir un orage. Je suivais la météo avec un œil très vigilant imposant presque à ma famille de quitter le département où on était quand on annonçait un orage. Cela ne se passait que durant les vacances. Je me suis toujours sentie en sécurité dans notre maison. Quand j'ai appris que j'étais HP, j'ai commencé à travailler sur ces phobies. Quand des scénarios catastrophes me venaient à l'esprit, je me disais juste « Arrête de faire ton HP », cela me faisait rire, et la plupart du temps, le scénario s'arrêtait là. Les phobies ont disparu. Je m'en suis rendu compte une année où comme d'habitude nous sommes partis en vacances, que je ne passais plus mon temps à scruter ni le ciel, ni la météo. Je prenais la météo comme elle venait, appréciant même d'admirer l'arrivée d'un gros orage. Durant la remontée du sud de la France à la Belgique, nous avons rejoint une grosse masse nuageuse. Je ne le sentais vraiment pas. J'avais tellement lu sur les problèmes météorologiques que je m'y connaissais un peu. Ce nuage me semblait dangereux. J'ai donc demandé à mon mari de changer de direction, de remonter en allant plus vers l'Est. Mon mari a d'abord pensé que ma phobie était revenue. Il m'a quand même écoutée. De retour chez nous le lendemain, je me suis empressée de regarder les nouvelles. Une tornade s'était abattue à l'endroit que nous avons évité.

J'ai voulu partager ce petit témoignage, pour essayer de montrer que cette hypervigilance pouvant mener à de l'angoisse peut nous être très utile quand nous arrivons à la maîtriser. De nouveau, ce fonctionnement d'HP est un cadeau quand il est bien compris.

Bla bla bla bla bla bla
bla bla bla bla bla bla bla bla bla bla
Bla bla bla bla bla bla bla bla bla bla
bla bla bla bla bla Bla bla bla bla bla
bla bla bla bla bla bla bla bla bla bla
bla Bla bla bla bla bla bla bla bla bla
bla bla bla bla bla bla Bla bla bla bla
bla bla bla bla bla bla bla bla bla bla
bla bla Bla bla bla bla bla bla bla bla

Bla bla bla bla bla bla
bla bla bla bla bla bla bla bla bla bla
Bla bla bla bla bla bla bla bla bla bla
bla bla bla bla bla Bla bla bla bla bla
bla bla bla bla bla bla bla bla bla bla
bla Bla bla bla bla bla bla bla bla bla
bla bla bla bla bla bla Bla bla bla bla
bla bla bla bla bla bla bla bla bla bla
bla bla Bla bla bla bla bla bla bla bla

Bla bla bla bla bla bla
bla bla bla bla bla bla bla bla bla bla
Bla bla bla bla bla bla bla bla bla bla
bla bla bla bla bla Bla bla bla bla bla
bla bla bla bla bla bla bla bla bla bla
bla Bla bla bla bla bla bla bla bla bla
bla bla bla bla bla bla Bla bla bla bla
bla bla bla bla bla bla bla bla bla bla
bla bla Bla bla bla bla bla bla bla bla

Bla bla bla bla bla bla
bla bla bla bla bla bla bla bla bla bla
Bla bla bla bla bla bla bla bla bla bla
bla bla bla bla bla Bla bla bla bla bla
bla bla bla bla bla bla bla bla bla bla
bla Bla bla bla bla bla bla bla bla bla
bla bla bla bla bla bla Bla bla bla bla
bla bla bla bla bla bla bla bla bla bla
bla bla Bla bla bla bla bla bla bla bla

De l'extérieur, le parcours professionnel de certains HP peut paraître instable. Quand celui-ci a fait le tour de son travail, il peut commencer à s'y ennuyer et essayera de trouver autre chose.

6. *Instabilité ?*

Les gens nous prennent parfois pour des personnes instables, touchant à tout, mais n'allant pas toujours au bout de leurs projets. Certains HP ont l'impression de n'avoir jamais terminé quelque chose. Bien souvent, c'est un regard mal posé sur la réalité. Avec notre perfectionnisme, pouvons-nous réellement avoir vraiment fini quelque chose. Il restera toujours un goût de trop peu. Et le regard des autres peut faire mal. Pourtant le fonctionnement du HP neurodroitier est vraiment caractérisé par ce « papillonnage ». Une fois que nous avons « fait le tour », autant passer à autre chose. Deux possibilités se présentent alors à nous : accepter ce fonctionnement ou alors aller jusqu'au bout en n'étant pas toujours très bien dans nos baskets.

Je pourrais de nouveau vous témoigner de mon vécu. Je suis musicienne, j'ai d'abord été guitariste classique, allant jusqu'au conservatoire royal de musique de Bruxelles. Puis mariée jeune, avec les grossesses qui se sont succédé, ma guitare a été mise peu à peu de côté. Après deux années d'arrêt, j'ai voulu m'y remettre, mais mon niveau était tel que j'ai décidé de démarrer un nouvel instrument. Je me suis mise à la clarinette. Une nouvelle grossesse m'a empêchée de continuer, je craignais que souffler trop fort soit mauvais pour mon bébé. Après la naissance de mon troisième enfant, je me suis mise au violon. Après quelques années j'ai fait de l'orchestre. J'ai touché aussi au piano, et au violoncelle que ma fille étudiait. J'ai « chipoté » par moi-même avec l'instrument. Pour finir il y a quelques années, je me suis mise à la flûte traversière. Avec mon niveau en lecture, j'ai brûlé les étapes. Après une année de cours, mon professeur m'a dit que j'avais un niveau de sept années de flûte. Je suis rentrée à la maison et n'ai plus jamais ouvert l'étui de ma flûte. J'avais fait le tour. De l'extérieur, cela pourrait paraître de l'instabilité. Je vois ça autrement, pour moi, la musique était un hobby. Je n'ai jamais souhaité devenir virtuose. J'ai toujours aimé apprendre à faire sortir un son de l'instrument, apprendre à en sortir une belle mélodie. Mais commencer à jouer des heures pour augmenter mon niveau ne m'a jamais plu. Quand j'ai fait le tour de l'instrument, je passe à autre chose. Cela ne me pose pas de problème et je me dis avoir une petite connaissance des instruments que j'ai pratiqués.

Le tout est d'arriver à mettre des priorités. Nous pouvons discerner ce qui est vraiment important dans notre vie c'est-à-dire où nous devons faire l'effort d'aller jusqu'au bout.

7. *La procrastination*

Quel joli mot que la procrastination. J'ai toujours trouvé qu'il sonnait tellement bien. Par contre que de souffrances cela peut occasionner de procrastiner. Pourtant, de nouveau, cela fait partie de notre fonctionnement et vous serez étonnés d'entendre que cela peut aussi être une richesse.

Par moments c'est vraiment lourd, certaines nécessités sont tellement peu importantes : payer nos factures, écrire un mail, répondre à une lettre, terminer une conférence. Quand on sait qu'il reste des choses ennuyeuses mais urgentes à faire et qu'on procrastine, on se sent vraiment mal… Comme si on avait un couperet au-dessus de la tête. Même si on ne réalise pas la tâche, elle est là, dans notre tête et est réellement un poids.

Une petite solution serait de se fixer une heure par semaine qu'on note bien dans son agenda où on fait toutes les tâches qui nous ennuient. Après, on se sent vraiment bien.

Mais la procrastination est aussi un cadeau. Elle peut être perçue comme de la paresse, mais ce sont dans ces moments-là, que bien souvent, dans notre tête, les idées se mettent en ordre. Quand je prépare une conférence, c'est bien souvent après avoir été travailler dans mon jardin potager que les idées sont là. Tout s'est mis en place. L'écriture de mon livre aussi s'est d'abord faite dans ma tête. Rien n'était écrit, mais tout se préparait. C'est le moment le plus créatif. Par contre, passer à l'écrit a été plus difficile, les idées allant plus vite que mes doigts sur le clavier. Que de frustrations ! Puis les mots sont tellement limitants par rapport aux idées. Je me suis accrochée et suis arrivée au bout de la tâche. Pour moi, c'était une priorité : faire passer ce message qu'être HP, quand c'est bien compris, c'est un cadeau.

Quand on arrive à utiliser notre procrastination à bon escient, elle devient une force !

Quand on procrastine, on ne se sent pas bien...
La tâche qu'on reporte au lendemain nous pèse.
Mais la procrastination peut aussi être positive.
Quand on procrastine, les idées se mettent en place.
Le tout est d'arriver à mettre des priorités, et des *dead line*.

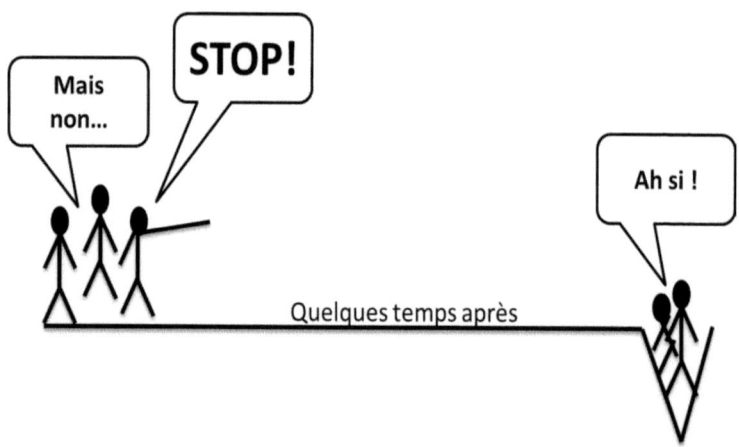

Le HP voit qu'un projet court à la catastrophe. Il l'exprime, mais les autres employés ne le croient pas...

C. Haut potentiel et vie professionnelle

Le travail est souvent le lieu où nous ressentons plus notre différence. Dans la plupart des cas, nous côtoyons des personnes que nous n'avons pas choisies avec toute la richesse et toutes les difficultés que cela implique.

1. Instabilité

Comme dans beaucoup de domaines de sa vie, la personne à haut potentiel fait vite le tour d'un domaine. Au début, elle éprouve du plaisir : plaisir de découvrir, plaisir d'apprendre, plaisir de la nouveauté. Rapidement ce plaisir devient monotonie, ennui, tâches répétitives. Le HP ne parvient plus à mettre du sens dans ce qu'il fait.

Beaucoup ont donc tendance à rester quelques années dans une entreprise pour rapidement en changer. Ce qui peut être perçu par certains employeurs comme de l'instabilité.

Un autre chemin possible pour le HP, c'est de créer sa propre entreprise, devenant indépendant. Certains arriveront à se créer ainsi une vie « sur mesure ». Bien sûr cette solution peut faire peur à des personnes qui peuvent avoir tendance à être anxieuses.

2. Intuition

Notre intuition n'est pas toujours crédible, surtout quand on ne peut expliquer notre ressenti. Le HP neurodroitier a tendance à faire des liens qu'il ne peut pas toujours expliquer. Il exprime alors à son équipe que tel projet va droit dans le mur. Il peut difficilement argumenter. C'est juste un ressenti. Ses collègues ne le croient pas. Quelques semaines après, l'équipe s'est pris le mur en pleine figure. Parfois ils arrivent à reconnaître que le HP l'avait dit et peu à peu arriveront à lui faire confiance, sans preuves. Mais bien souvent, le HP ne sera pas reconnu et cessera de dire son ressenti. Ce manque de compréhension et de reconnaissance peut faire mal.

3. Burn-out

Notre manière de fonctionner peut nous rendre excessifs dans le travail : en faire toujours plus. Ce genre d'excessivité peut conduire au burn-out, le burn-out est assez fréquent chez les HP qui sont excessifs.

J'étais une « animatrice socio-culturelle » dans une ASBL orientée environnement. Après un petit temps d'adaptation, je reconnais tout ce qui compose les milieux dans lesquels nous évoluons. Je peux nommer et expliquer avec les termes appropriés la faune, la flore et tout ce qui a trait à la protection de l'environnement en général. J'anime des groupes d'enfants et d'adultes autour d'ateliers ou sur le terrain sous la tutelle ou non de mon patron. Je participe activement à notre représentation au niveau local mais aussi au niveau de différentes manifestations ponctuelles. Je m'occupe de la mise en page de documents et d'autres moyens de communication pour l'association. Je bosse, je bosse... je parle environnement, je mange environnement, j'écris environnement, je dessine environnement, je pense environnement, je rêve environnement... Après le boulot, il n'est pas rare de me surprendre à préparer, étudier, emmagasiner toutes informations susceptibles de m'aider à évoluer correctement dans ma tâche. Je suis tellement présente au niveau local, qu'il arrive même que les personnes que je rencontre pensent que je vis dans la commune... Inévitablement, plus je marque de l'intérêt et plus je m'implique personnellement dans l'ASBL, plus j'en ai envie... Et plus j'en fais... plus on m'en demande ce qui est normal a priori, puisque je n'ai pas l'air de me plaindre. Un jour de novembre 1998, je semble sans doute fatiguée car mon patron me propose de prendre quelques jours de repos... et je ne reviendrai plus. Je suis épuisée mentalement, moralement, physiquement... et je dors, dors, dors... toute la journée, des mois durant. Je n'arrive pas à reprendre le dessus. Un médecin généraliste me suit mais ne comprend pas que j'ai touché le fond... Sophie, 43 ans

Sophie a été trop loin dans son engagement professionnel. Quand notre métier fait sens, quand nous y trouvons un but vraiment important, le risque d'un burn-out est présent. Nous devons être prudents. De plus, parfois, certains environnements professionnels peuvent profiter de notre hyperengagement, nous demandant encore plus.

4. Harcèlement

Notre besoin d'être reconnus dans notre travail peut faire de nous les victimes de manipulateurs. Ceux-ci ont besoin d'être adulés et utilisent les manipulés à ces fins.

Pour moi, mon hypersensibilité est un véritable handicap, surtout professionnellement. Depuis toujours, je suis très lucide sur la personnalité de mes collègues. Certains ont fait preuve de harcèlement à mon égard il y a déjà 14 ans. Ayant conscience de leur mauvaise foi, je me suis défendue, j'ai joué la franchise en disant ce que j'avais sur le cœur. Hélas, ces collègues n'ont pas joué franc jeu, ont fait preuve de mauvaise foi, se sont ligués avec d'autres à mon égard. J'ai tenu bon quelques années, essayant par tous les moyens de me défendre et de conserver un minimum la collaboration. Malheureusement au fil du temps, ma santé en a pris un coup dû à un stress trop important. Aujourd'hui ma stratégie est celle de la survie. Je suis tellement sensible que je dois me protéger des autres. C'est pourquoi désormais, je fais tout pour éviter de collaborer avec ces personnes malfaisantes et lorsque j'y suis obligée, je traite le plus possible avec leur direction.
Marie, 51 ans

Comme pour les jeunes qui sont harcelés à l'école, il faut savoir que se taire n'arrangera rien. Il est très important de parler. Le harcèlement est connu aujourd'hui et les travailleurs sont protégés quand ils en parlent.

Monter un dossier contre le harceleur est nécessaire. Cela permet aussi à la personne de mieux vivre son harcèlement. Elle se sentira plus forte car à chaque «attaque» du harceleur, le dossier grandit. Quand on sait que l'autre nous manipule, on devient plus fort, même si on sait que la seule solution quand on est face à un manipulateur, c'est de fuir.

Le HP peut vivre un réel harcèlement au travail.

5. Trouver du sens

Pour les adultes à haut potentiel, qui ont un besoin d'intensité, de complexité et surtout de mettre du sens dans ce qu'ils font, un travail où ils ne peuvent mettre du sens est vraiment une dure épreuve.

Certains HP ont un travail qui leur permet de joindre les deux bouts. Ils ont des enfants à charge et ne peuvent se permettre de prendre des risques en perdant leur travail. Je suis vraiment en admiration devant une telle abnégation : se lever tous les matins, travailler toute la journée et ne pas aimer son travail.

Pour les adultes à haut potentiel, qui ont un besoin d'intensité, de complexité, il est important de trouver un travail qui donne du sens.

D'autres prendront des risques, ne pouvant continuer un travail où ils ne voient pas de sens.

Franck, menuisier, était indépendant. Il a fait faillite car il ne demandait pas assez à ses clients pour un travail d'une qualité irréprochable. Son perfectionnisme le faisait travailler des heures afin de rendre un travail parfait ; il ne pouvait cependant pas demander le juste prix : ce n'était pas parfait. Il a ensuite été engagé dans une entreprise faisant des enduits pour boiserie. Il devait vendre ce produit aux détaillants. Franck ne pouvait faire ce travail. Sa conscience le lui interdisait.

Ce produit, c'est de la merde. Il n'y a pas d'autres mots possibles. J'ai regardé la formule et l'ai modifiée. J'ai ensuite envoyé un mail à tout le personnel de l'entreprise leur disant que la merde pouvait facilement être changée en un bon produit. J'ai été convoqué par le chef du personnel qui m'a remis mon C4. Je n'ai pas compris ce licenciement. Franck, 52 ans

D'autres encore démarreront leur entreprise comme indépendants. Ils se feront un job sur mesure. Parfois ce travail n'aura rien à voir avec leur diplôme.

Il ne faut pas oublier ceux qui ont eu la chance d'avoir un travail qui leur donne du sens, dans une équipe ouverte, à l'écoute. Des personnes qui acceptent le côté créatif et intuitif du HP. Le HP s'y sent reconnu. Il peut être lui-même et se réaliser pleinement.

D. Et L'amour ?

En consultation, beaucoup d'adultes à haut potentiel se plaignent de solitude. Ils aimeraient vraiment trouver l'âme sœur et pensent que c'est impossible quand on est HP.

1. La vie dans un couple HP

Deux personnes qui sont assez excessives, qui vivent ensemble, cela peut être par moments assez « détonnant ». Mais quelle richesse aussi ! Quelqu'un qui nous comprend, quelqu'un avec qui on peut être vrai, être soi-même.

La vie de couple n'est pas un long fleuve tranquille. La vie d'un couple d'adultes à haut potentiel, s'apparenterait plus... aux chutes du Niagara, tout à fait l'inverse d'un long fleuve tranquille.

Le plus grand travail à faire dans un couple de personnes HP, c'est un travail de communication. Arriver à comprendre le fonctionnement de l'autre ne peut se faire qu'en communiquant en vérité. La compréhension de l'autre ne sera jamais complète, une partie de l'autre nous échappera toujours.

De plus nous ne sommes pas figés. Nous continuons tous à évoluer.

Françoise et moi, sommes mariés depuis 17 ans. Nous avons trois enfants. Nous vivions beaucoup de tensions dans notre couple. Chaque fois nous devions redécider de continuer la route ensemble. C'était assez lourd quand même. Notre aînée Camille a été diagnostiquée haut potentiel. Nous nous sommes vite rendu compte qu'elle n'était pas la seule. Antoine et Thomas aussi, mais il fallait aussi nous rendre à l'évidence que Françoise et moi avions aussi ces caractéristiques. Pour en être vraiment certains, nous avons tous passé un bilan qui l'a confirmé. Françoise et moi avons alors décidé de travailler sur notre couple. On a essayé de plus communiquer pour comprendre d'où venaient toutes ces tensions. C'était surtout là le problème : la communication. Quand Françoise parle, elle a tendance à tourner en rond. Elle a à peine dit trois mots que j'ai compris ce qu'elle voulait dire. Cela m'énervait et je coupais en disant : « ça va, j'ai compris. » Cela la blessait chaque fois. Quand moi je parle, j'ai tendance à être assez direct, tout à fait l'inverse de Françoise. Cette manière directe de communiquer a souvent blessé Françoise. Quand nous avons compris nos deux modes de communication, nous avons enfin pu avancer. Françoise n'est plus blessée quand je parle et moi, je fais l'effort d'écouter Françoise jusqu'au bout, par amour pour elle. Pierre, 47 ans

Dans un couple HP, un chemin pour avancer est le pardon, une petite règle toute simple peut nous aider : ne jamais s'endormir sur une dispute. Même si tout n'est pas réglé directement, on peut se demander pardon avant de s'endormir.

Dans notre couple, nous sommes tous les deux HP, mais avec un profil très différent. Marc, mon mari est très rationnel, très prudent. Il avance pas à pas et réfléchit plutôt dix fois qu'une. Moi, je suis très impulsive, je fonce et prends des risques. Un soir, nous discutions dans notre lit. Je dis à Marc qu'heureusement qu'il est là, parce qu'avec toutes mes idées de projets, je pourrais être sous le pont. Mon mari m'a alors souri avec tendresse et m'a dit : « Oui, mais heureusement que tu es là, car autrement, je m'ennuierais. » Cela fait plus de vingt ans qu'on est mariés. Agnès, 51 ans

Dans un couple de personnes HP, il est fondamental d'apprendre à communiquer !

2. Couple mixtes : *HP/non HP*

Quand on découvre le haut potentiel, se pose souvent la question pour tous les membres de la famille. Il arrive qu'un des parents ne soit pas HP. Qu'en est-il alors du couple ? La différence est aussi une richesse, mais seulement quand elle est comprise. Certains couples « mixtes » fonctionnent très bien. L'amour est présent. Les personnes vivent leurs différences positivement. La communication peut être plus difficile dans un couple mixte, mais quand tous les deux ont choisi de continuer la route malgré les embuches, c'est possible. L'amour est le ciment du couple.

3. *L'adulte à haut potentiel célibataire*

Difficile, cette solitude. Les parcours sont différents, mais c'est souvent ce qui ressort en consultation. Certains ont été en couple mais n'ont jamais réussi à tenir sur le long terme. D'autres ont vécu un long moment avec une personne et la relation s'est soldée par un divorce ou une séparation. Pour d'autres encore, leur timidité est tellement grande qu'ils ne parviennent pas à avoir une relation de couple. Nous avons essayé de mettre en place des soirées pour célibataires HP. À l'inverse des sites de rencontre, le problème était le manque d'hommes. Nous avons beaucoup parlé avec les femmes célibataires présentes. Elles font rapidement des connaissances, mais dès que la relation s'approfondit un peu, leur compagnon disparaît. Elles ont l'impression que leur fonctionnement fait fuir les hommes.

Parfois, je me demande aussi si le perfectionnisme des HP n'empêche pas d'accepter les défauts de l'autre. Un couple c'est un chemin, ce n'est pas toujours facile. Ce chemin sera jalonné de creux, de bosses. Certains arriveront à deux au bout de ce chemin, mais d'autres n'arriveront pas à persévérer. La réalité d'un couple est bien loin de la fiction des romans de plage.

Chapitre 6 : Haut potentiel et psychopathologie

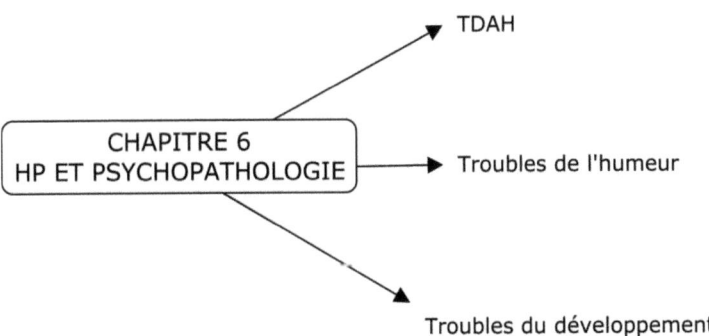

Beaucoup de jeunes et d'adultes intelligents et créatifs se voient affubler un diagnostic psychopathologique. Deux possibilités leur sont alors offertes : on leur propose une médication ou on leur conseille une psychothérapie pour tenter de les rendre « normaux », les remettre dans le cadre.

Dans tout mon livre, j'ai tenté de montrer le haut potentiel comme un cadeau quand il était bien compris. Malheureusement, aujourd'hui encore, ces caractéristiques peuvent entraîner des diagnostics erronés. Si le sujet vous intéresse, je vous conseille de lire *Misdiagnosis and dual diagnoses of children and adults*, James T. Webb. Ph D. Il est référencé dans la bibliographie.

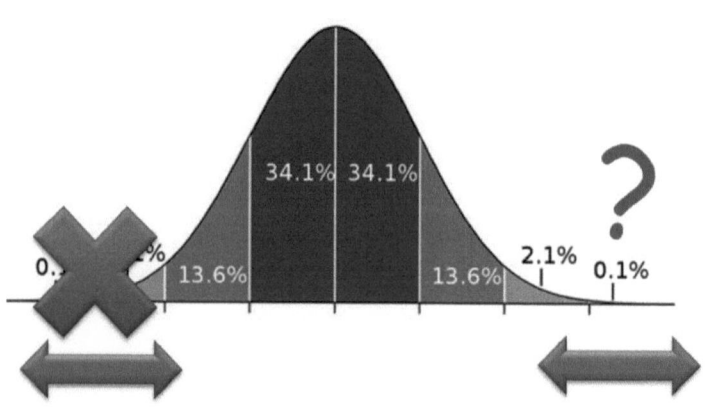

DSM valable uniquement pour les personnes au-dessus de 70 de QI, => en-dessous = population particulière
Et au-dessus ?

Je n'aborderai ici que quelques troubles qui sont souvent accolés aux HP. Mon but ici n'est bien sûr pas de nier l'existence de troubles psychopathologiques.

Dans le DSM, manuel reprenant les critères diagnostiques pouvant permettre une identification psychopathologique, il est indiqué que les troubles ne peuvent être diagnostiqués si la personne est mentalement déficiente. En effet, les personnes ayant un QI en dessous de 70 sont considérées comme une population particulière.

Il pourrait être important de considérer aussi les personnes qui ont un QI de plus de 125 comme une population particulière ne rentrant pas dans les mêmes critères symptomatologiques.

Dans son livre James T. Webb affirmera aussi que quand un enfant est diagnostiqué HP, l'accompagnement mis en place peut l'aider à bien vivre sa douance.

Je n'aborderai ici que trois troubles, mais vous envoie vers le livre de James T. Webb si vous souhaitez aller plus loin.

A. Trouble de l'attention avec ou sans hyperactivité (TDAH)

De par leur nature, les enfants à haut potentiel ont des comportements pouvant faire penser au TDAH. On pourrait même dire pour certains qu'ils ont une pseudo-hyperactivité.

D'autres, par contre, auront réellement ce trouble. James T. Webb dira aussi que son expérience lui fait dire que la moitié des enfants HP qui ont reçu un diagnostic de TDAH sont mal diagnostiqués.

Quand on fait passer à un jeune HP un bilan d'attention, si la tâche lui plaît, il sera concentré. Si par contre l'exercice ne l'amuse pas, il fera n'importe quoi et le diagnostic donné sera : « Trouble de l'attention ».

C'est également la difficulté qu'on a quand on fait passer un bilan cognitif pour déterminer si la personne est HP ou pas. Si le jeune (ou même parfois l'adulte) n'a pas envie de réfléchir, il peut très clairement sous performer aux tests.

Certains HP paraissent vivre sur une autre planète...
Cela peut leur porter préjudice dans leur scolarité.

Comment savoir si une personne est HP ou TDAH ?

La personne souffrant d'un trouble de l'attention aura des difficultés à maintenir son attention dans la plupart des situations. À l'inverse, le HP aura une attention peu soutenue, sera dans la lune dans certaines situations, en général, celles qui ne l'intéressent pas.

Les HP ont des difficultés à accepter les tâches où ils ne peuvent mettre du sens. Tandis que les personnes souffrant de TDAH ont besoin de voir immédiatement les résultats de leurs actions pour être motivées.

L'impulsivité sera une caractéristique des personnes avec un TDAH, tandis que les HP ressasseront avant de démarrer une action.

Les personnes avec un TDAH auront des difficultés à respecter les règles. Le HP quant à lui, questionnera les règles pour savoir quel en est le sens.

Certains peuvent être HP avec un TDAH. Quand c'est bien compris, ces personnes sont vraiment des moteurs pour leur entourage. Elles ont à la fois l'impulsivité du TDAH et la réflexivité du HP. À l'inverse du HP qui n'est pas TDAH qui pourra passer des heures avant d'oser entreprendre.

B. Trouble de l'humeur (cyclothymie ou bipolarité)

Notre hyperstimulabilité émotionnelle nous fait ressentir les choses très fort, parfois trop fort. Quand nous vivons un moment de bonheur, celui-ci prend des proportions énormes. Mais quand nous vivons des moments difficiles, ceux-ci peuvent être vraiment très bas.

Beaucoup de patients Hp viennent en consultation pour apprendre à gérer ces up et ces down. Certains ont même reçu le diagnostic de cyclothymie voire de bipolarité.

Nous sommes incapables de gérer les bas, ces moments où plus rien ne nous plait, où nous avons l'impression de tomber dans une dépression profonde qui jamais ne cessera. De plus, en général, vu que nous n'avons plus assez d'énergie pour faire le minimum, nous culpabilisons, ce qui fait que nous nous forçons parfois. Le bas risque alors de durer.

Courbe de l'humeur d'une personne non HP en fonction du temps

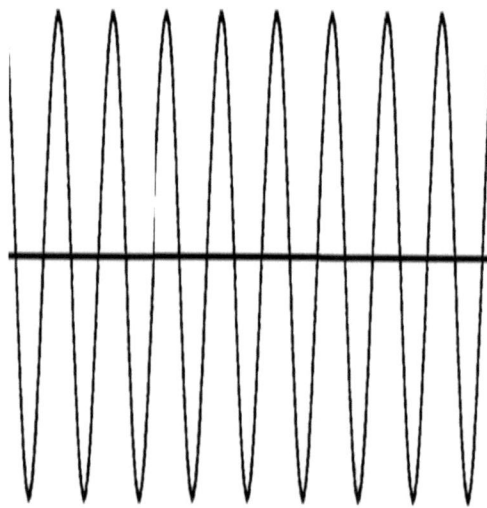

Le HP a une plus grande amplitude de courbe, ses hauts sont plus hauts et ses bas, plus bas. De plus La fréquence est également plus haute : les changements sont plus fréquents dans le temps.

Nous sommes par contre tout à fait capables de gérer les hauts. Essayer de ne pas monter trop haut, garder les pieds sur terre. Certes, c'est un peu aller contre nature. Ce sont des moments plus que plaisants, ces hauts. Mais il faut savoir que plus on monte haut, plus la chute sera vertigineuse. Quand on arrive à gérer les hauts, les bas sont moins fréquents et surtout moins forts. La vie devient plus facile à vivre.

Il est parfois difficile pour les personnes de ne pas monter dans les hauts. Ce sont des moments tellement positifs, mais en essayant d'une fois à l'autre, elles se rendent compte que la vie est bien plus facile à vivre en le faisant.

J'ai appris à gérer mes up et mes down en diminuant la hauteur des up. Avant, quand j'étais dans un processus créatif, je pouvais passer toute la nuit, sans m'arrêter. Travaillant le lendemain, cela me posait beaucoup de problèmes. J'ai demandé à mon mari de m'aider. À 22 h, il me fait signe et je dois terminer ce que je fais pour être couchée au plus tard à 22 h 30. Depuis que mon sommeil est stabilisé, que je ne pars plus dans ce que j'appelais « mes trips créatifs », ma vie est beaucoup plus facile. Parfois, consciemment je décide de me faire un « trip créatif », mais je le fais à un moment où je sais que je peux le faire sans craindre le down. J'attends alors la venue du down qui parfois ne vient même pas. Annie, 62 ans

6.3. Troubles du développement

Les troubles du développement sont les dyslexies, dyscalculie, dysgraphie, dyspraxie et dysphasie. Je ne m'étendrai pas beaucoup sur ces troubles. Beaucoup d'HP en souffrent. Ce qui pose problème, c'est que les diagnostics d'HP et de trouble du développement sont très difficiles à poser. Le jeune a des difficultés d'apprentissage, mais son intelligence compense cette difficulté. Ce sont en général des jeunes qui travaillent beaucoup mais restent des élèves moyens.

On est capable de gérer les hauts, garder les pieds sur terre.
C'est en diminuant la hauteur des hauts, que les bas seront moins bas.

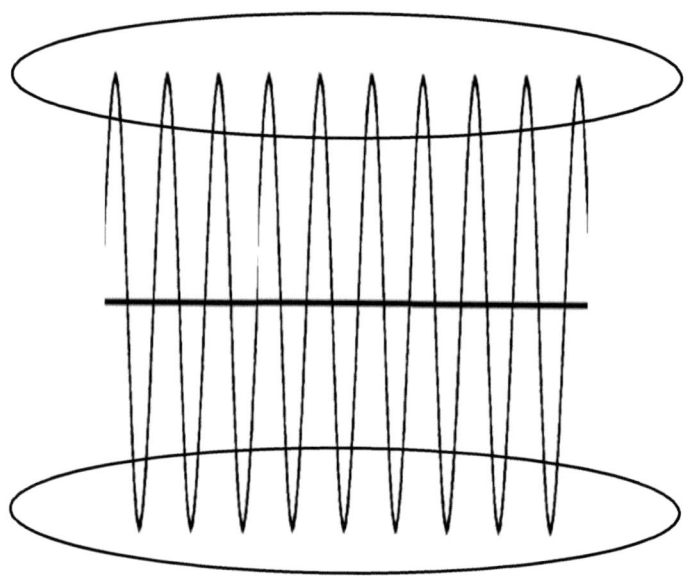

On ne peut pas gérer les bas. Ce sont des moments où on doit prendre soin de soi, ne pas trop travailler et surtout ne pas culpabiliser !

Adrien est né grand prématuré. Comme il est né fin d'année et que c'est la date de naissance qui compte pour le début de l'école, Adrien a commencé un an en avance. Adrien a dû recommencer sa 3ᵉ maternelle car il n'était pas prêt à rentrer en primaire. L'acquisition de la lecture a vraiment été très difficile. Les mathématiques étaient encore pires. J'avais l'impression qu'Adrien ne percevait pas les quantités. Adrien réussissait quand même, mais en passant des heures tous les soirs à travailler. Un bilan logopédique n'a pas mis à jour de trouble du développement. Nous étions perdus et ne savions comment aider Adrien qui se décourageait que son travail ne donne pas de résultats. Il a commencé une psychothérapie. Sa psy a parlé de haut potentiel. Adrien en a toutes les caractéristiques et le bilan cognitif est très hétérogène. La psy a conseillé de refaire un bilan logopédique en tenant compte de son haut potentiel. Rapidement, la logopède s'est rendu compte qu'il était atteint de dyslexie mais surtout d'une forte dyscalculie. Dommage d'avoir perdu tant de temps! Sophie, maman d'Adrien, 10 ans

Une fois que les deux diagnostics sont posés et que l'enfant est aidé par de la logopédie, en général il évolue assez rapidement.

Conclusion :
Être HP, c'est un cadeau !

Le logo de Relaxeau montre ce côté du reveil, de la mise en route du HP quand il a compris ce qu'il était.

J'ai écrit ce livre. Il est pour moi un moyen de faire passer le message qu'être adulte à haut potentiel, une fois qu'on a compris ce que cela impliquait, c'était vraiment un cadeau !

J'ai vécu quarante ans dans la peau d'une autre. Faisant tout pour essayer d'être « normale ». Malgré un mari extraordinaire, quatre enfants merveilleux et un travail que j'aimais, quelque chose n'allait pas. J'avais l'impression de survivre, avec des joies et des peines.

Grâce à notre petite dernière, j'ai compris que j'étais une adulte à haut potentiel. Depuis ce jour, ma vie a complètement changé. J'ose dire non. Je ne crains plus le regard des autres car je n'ai plus besoin de leur reconnaissance. Je me rends compte de mes capacités et de mes faiblesses avec un regard juste. J'ose affronter la réalité.

C'est pour cette raison, qu'en tant que psychologue j'ai ouvert le centre Relaxeau à Bruxelles pour aider les personnes à haut potentiel à bien vivre ce qu'elles sont. Tout comme moi, la plupart du temps, le début de leur chemin est le moment du diagnostic.

Témoignage d'une personne extraordinaire qui a eu un parcours très lourd qui s'ouvre aujourd'hui sur une vie extraordinaire :

J'ai le souvenir d'une petite fille éveillée et souriante. Blonde, énergique, motivée. Qui adorait demander « pourquoi ? » et taquiner son chat. Je me souviens des premières années d'école, très peu. Mais je me souviens que j'aimais ça. J'avais trois ans et j'adorais aller à l'école. Il paraît qu'à 5 ans déjà on voulait me faire sauter une classe. Je ne sais pas pourquoi, je n'ai pas le souvenir d'avoir su lire avant tout le monde ou d'avoir été plus avancée que les autres. Je me souviens juste que l'école, j'aimais ça. Et je me souviens que mes parents étaient fiers de moi.

Je me souviens de ma 1re année d'école primaire. La satisfaction de savoir lire, enfin. L'envie d'apprendre, démesurée. L'envie de savoir et la gaieté de voir que tout est facilement compris. L'école, c'est facile et ça nourrit. Je me souviens que j'adore ça, que j'apprends mes dictées par cœur parce que ça m'amuse. J'adore déjà lire et ma maman me dit souvent « ce n'est pas possible que tu aies déjà tout lu ! ». Si, si, c'est possible. Je me souviens de longues heures passées à lire. Ça énerve ma grande sœur qui voudrait jouer avec moi. Des allers-retours à la bibliothèque, maximum dix livres par enfant. Ma mère, ma sœur prennent deux ou trois livres alors j'en profite, j'en prends vingt ou trente et je les dévore.

J'ai 7 ans et ma maman va voir mon institutrice pour lui expliquer que je rentre en larmes ou en colère le soir. Je ne suis jamais interrogée. L'instit me répond toujours, quand je lève la main « toi, je sais que tu sais ». Mais j'ai 7 ans et j'ai seulement envie de participer. Avec mes amis, on fait des concours de calcul mental. Je suis la plus forte et j'aime ça. J'ai 7 ans et je n'ai pas encore vraiment rencontré la jalousie. Je ne me sens pas différente des autres enfants et les seules fois où je suis frustrée, c'est parce que les adultes me font sentir que je ne suis pas comme tout le monde.

J'ai 8 ans et dans ma classe, je suis le petit singe savant. Les autres enfants sont fiers de moi et me le font sentir. Ils sont gentils et me défendent quand l'institutrice, une vieille femme revêche, me dit que « ce n'est pas possible que j'aie déjà fini le livre, personne ne lit aussi vite ». Et ils protestent quand elle m'oblige à payer la location du livre alors que je l'ai lu en classe. Je suis bien dans ma classe, même si l'instit ne m'aime pas et me le fait sentir. Quand je m'ennuie trop, le directeur vient me chercher et me fait faire des exercices de math. J'adore ça, j'apprends plein de choses ! J'ai bien compris que les adultes ne m'aimaient pas. Mais je suis entourée d'enfants de mon âge positifs et agréables. J'ai des amis et je me fiche de ce que pensent les adultes.

J'ai 9 ans et je crois que je viens de perdre une partie de mon innocence. Ils m'ont fait passer une classe, j'étais bien préparée, j'ai travaillé avec ma maman pendant les vacances. Elle m'a appris les fractions. Mais à l'école, dans ma nouvelle classe, les enfants ne m'aiment pas. Ils m'appellent « l'intello » et ne veulent pas jouer avec moi. Personne ne m'avait préparée à ça. Je serre les dents et je ne me plains pas. Mais je me sens bien seule dans la cour de récré. Et puis, je m'ennuie. Ce n'est plus drôle l'école. En deux mois, j'ai rattrapé mon retard et j'ai facilement dépassé les autres. Alors maintenant, je m'ennuie à l'école. Je regarde par la fenêtre et j'attends que le temps passe. Je vais passer deux ans à attendre que le temps passe. Je supporte les méchancetés des enfants de la classe. Les instits m'admirent et sont gentils, ça change de ceux qui ne m'aimaient pas. Mais les enfants sont méchants et je ne sais pas me défendre. Je n'ai aucune idée de ce qu'ils me reprochent. L'admiration des adultes les rend plus méchants encore. Je fais des bêtises mais je ne suis pas punie. Ce sera comme ça durant toute ma scolarité. On ne punit pas les intellos.

J'ai 11 ans et je rentre à l'école secondaire. Il ne me faut pas cinq minutes pour être épinglée : je suis de nouveau le singe savant, mais ici ça ne fait rire personne. Ma titulaire et prof de français a vite fait de dire à toute la classe que je suis plus jeune et en avance. Elle me dit que je réfléchis trop loin. Elle me déteste, elle déteste mes questions, elle déteste mes certitudes. Et avec elle, les autres enfants apprennent à me détester.

Des années qui suivent, je garde peu de souvenirs. J'apprends durement que l'école n'est pas un endroit fait pour apprendre Je lis beaucoup, je passe beaucoup de temps seule, je n'ai pas vraiment d'amis. J'écris mes premiers textes tristes. J'écris pour la première fois que je veux mourir. Je fume mes premières cigarettes, en cachette. J'ai à peine 12 ans. Avec le recul, je me revois et j'aimerais me prendre par la main et me rassurer. Me dire que ça va aller. Mais j'ai 12 ans et j'apprends le mépris. Et le mépris des autres, leur jalousie et leur méchanceté me donne l'impression que je ne vaux rien. À la maison, les problèmes scolaires de ma sœur prennent toute la place. Elle aussi me déteste pour comprendre si vite, si facilement. Elle me déteste de lui donner l'impression que tout est facile pour moi. Pourtant, rien n'est facile pour moi. J'ai 12 ans et je veux mourir.

J'ai 14 ans et je suis presque devenue une rebelle. Je fume, je me mutile. Je suis complètement larguée, je me déteste, je déteste l'école, je déteste ma famille. Je sens confusément que je suis différente mais je ne sais pas pourquoi. Je ne sais pas. Je sais juste que je n'en peux plus. Ce sont mes premières tentatives, enfantines, de suicide. J'avale des comprimés en appel à l'aide et personne ne voit rien. Mes parents sont préoccupés par ma sœur, ils ne voient pas que je coule. Et les résultats scolaires sont toujours bons alors je ne dis rien et ça passe inaperçu. J'ai quelques amis. Des marginaux qui fument et boivent trop. Avec eux, je me sens presque bien. En tout cas, je peux leur dire à quel point je vais mal. Évidemment, ils ne peuvent pas m'aider.

J'ai 16 ans et je commence une vraie dépression. Je suis en rhéto. Je ne veux plus aller à l'école, je suis terrorisée à l'idée d'aller à l'unif, je n'ai envie de rien et j'ai peur de tout. Ma mère passe des heures à me faire réciter mes cours tellement je suis angoissée. Ça fait deux ans que je vis avec mes crises d'angoisse. Je me sens complètement dépassée par la matière à assimiler, dépassée par les codes sociaux que je ne comprends pas. Mes rapports familiaux sont compliqués. Je n'ai aucune idée de ce que je veux faire de ma vie, je suis épuisée.

J'ai 17 ans, j'ai 18 ans, j'ai 19 ans. Je déteste l'unif, je déteste les gens. Je me sens complètement en décalage. Les crises d'angoisse sont fortes. J'ai vu un psy, ça ne m'a servi à rien. Je ne ressens plus rien. Je n'ai plus d'émotions. Je me mutile pour ressentir quelque chose. Je bois trop, je fume, et pas que des cigarettes. Je détruis mon corps de toutes les manières possibles. Une de mes profs s'inquiète. Elle m'envoie chez le médecin scolaire, et puis chez un psychiatre. Commence la longue salve des médicaments et des diagnostics. Je suis tour à tour bipolaire, borderline, dépressive, et j'en passe. Je passe des tests psychotechniques, qui révèlent plusieurs maladies mentales mais aucune en particulier. Alors je suis traitée pour tout et pour rien. Je commence à prendre des tonnes de médicaments et aucun ne m'aide. Je bois de plus en plus. Mes résultats scolaires sont bons. Mais je pleure, je me déteste, et je n'ai aucune envie de vivre. J'ai très peu d'amis. Je crois que je suis folle. Ma mère me dégotte un nouveau psychiatre. Qui m'envoie chez une psychologue compétente, la première depuis longtemps. Mais je ne parle pas, je suis emmurée dans mes angoisses et mon vide. Je continue à ne rien ressentir. Je ne sais pas choisir la musique que je veux écouter, le parfum de glace que je veux manger. J'ai froid tout le temps. J'ai l'impression d'être morte à l'intérieur. Je dis à ma psy que je ne ressens rien et que je n'ai pas d'émotions. J'écris, j'écris énormément. Toujours sous alcool ou sous médicaments. Ce sont les seuls moments où je sens quelque chose en moi. Elle s'inquiète mais refuse tout diagnostic pathologique.

Elle sent que je ne suis pas malade, qu'il y a autre chose. Elle veut m'aider à retrouver des émotions. À renouer avec moi.

J'ai 20 ans et j'arrête de boire. Je commence à me reconstruire avec les Alcooliques Anonymes. Mais la vie sans anesthésiant est insupportable. Les émotions reviennent, peu à peu. Je n'ai aucune frontière entre moi et le monde, je ne sais pas me protéger. Les lumières m'agressent. Les bruits. Les odeurs. J'écris. J'écris le monde insoutenable.

J'ai 21 ans et je fais une tentative de suicide. J'avale tous mes antidépresseurs d'un coup. Urgences. Lavage d'estomac au charbon. Le médecin dit à mon amie qui m'a emmenée « il faut la surveiller, elle recommencera ». Je tiens encore quelques semaines. Je n'ai rien dit à personne de la tentative de suicide, à part à ma psy. Je la vois un lundi soir et je craque. Je demande l'hospitalisation. Je sens que je n'en peux plus et que la corde menace de se rompre à tout moment. Je rentre à l'hôpital deux jours plus tard, avec un diagnostic de borderline. Je vois une psy à l'hôpital qui prononce la phrase qui changera tout « et si vous étiez surdouée ? ». Je sors de l'hôpital, reposée mais pas guérie. Loin de là. Je pars en Erasmus. Je continue à ne pas boire mais je suis toujours aussi malheureuse. Ma psy m'accompagne à distance. Elle me protège. J'avance, pas à pas. Je commence à m'intéresser à la douance, même si je n'y crois pas vraiment.

J'ai 22 ans et je commence à fréquenter des groupes de gens à haut potentiel. Il me semble que je suis à ma place avec eux, même si je ne me sens pas vraiment HP. Je sens confusément qu'il y a quelque chose de vrai là-dedans mais j'ai passé trop de temps à me détester pour subitement envisager que je puisse valoir quelque chose. Je suis toujours persuadée d'être folle, et les médicaments m'empêchent de réfléchir. Professionnellement, j'apprends et ça me fait du bien. Mais je suis épuisée, toujours, tout le temps et j'ai du mal à tenir le rythme. Il me semble pourtant que la vie devient plus légère, même si les émotions sont souvent difficiles à supporter. Je continue les réunions AA. Je déverse des flots d'émotions incontrôlées plusieurs jours par semaine. La bienveillance des autres membres me fait du bien et m'empêche de faire des conneries. Je peux appeler à n'importe quelle heure, il y a toujours un ami pour me répondre et me soutenir.

J'ai 23 ans et j'en ai marre de douter. Je prends rendez-vous pour le test de QI. Il faut que je sache, je n'en peux plus de n'être pas sûre. Je suis paniquée à l'idée que ce ne soit pas ça. Que je ne sois pas HP mais seulement folle. Je fais le test qui confirme ce que tous mes amis HP me répètent depuis un an « oui, tu es HP, ça ne fait aucun doute ». Et pourtant, je doute, je remets en cause. Et si le diagnostic n'était pas bien fait ? Et si la psy avait un agenda caché ? Et si ce profil hétérogène voulait dire que je suis juste un « singe savant » ? Et si, et si, et si… Petit à petit, j'apprivoise le diagnostic. Je commence à sentir que ce qui me rend différente des autres, c'est ma manière de réfléchir, d'appréhender le monde. Mon hyperlucidité. Ma psy me dit que j'ai la vision du monde d'un humanitaire blasé de 40 ans. Je sens que je vois trop et trop loin. Je comprends peu à peu qui je suis. Mais je suis en colère. Je réalise les 10 années (et plus) perdues par manque de connaissance, faute de savoir qui je suis. Je suis pleine de cicatrices, à l'intérieur et l'extérieur. J'en veux au monde entier de n'avoir pas su m'aider plus tôt. Ma psy est présente, elle m'aide à décrypter le monde, à accepter mes émotions. Elle m'apprend que je suis pleine de lumière et que je vaux quelque chose. Les AA m'apprennent la bienveillance, le respect de moi et des autres. Ils m'apprennent qu'être surdouée n'est pas un handicap, même si on n'en parle jamais. Ils m'acceptent telle que je suis et m'aident à développer mes potentiels. Moi, j'apprends à me protéger. Je m'autorise pour la 1re fois les boules quies en rue, pour me protéger des agressions auditives. Je viens d'apprendre que je n'étais pas exactement comme tout le monde et que j'avais donc le droit de prendre soin de moi différemment. Le chemin est long, il est plein de rechutes, de nuits à l'hôpital, de crises d'angoisse et de moments de vide. Mes amis HP me servent de miroir. Enfin, je ne me sens plus différente des gens qui m'entourent. Ils me comprennent et je les comprends, même si on s'engueule régulièrement. Petit à petit, je diminue les médicaments. Avec les années, j'en suis venue à prendre des antipsychotiques, des antidépresseurs, des anxiolytiques et des somnifères. Et je ne suis pas malade!

J'ai 24 ans et je suis amoureuse. D'un HP, comme moi, plein de blessures, comme moi. Ensemble, on se reconstruit, petit à petit, malgré tout ce qui nous sépare. Mais je me sens enfin connectée à mon humanité et mes émotions, après toutes ces années de no man's land et je sens qu'il est temps de réaliser mon rêve professionnel: faire de l'humanitaire. J'ai besoin de sortir de la morosité de ma vie. Surtout, je sais maintenant que j'en suis capable. Mes amis HP m'ont appris que j'étais capable de réaliser ce dont j'avais envie. Mon amoureux me donne des ailes. Ma psy m'offre sa confiance et mes amis AA mettent les garde-fous. Alors je postule. Et je pars. Et je découvre enfin toute ma dimension HP, dans un boulot où être HP, même sans qu'une étiquette soit collée, est valorisé. Ici, la majorité de mes collègues sont HP. Ils ne s'en doutent pas... Mes modes de raisonnement sont largement partagés. Tout va vite, très vite. Je ne m'ennuie pas une seule seconde.

J'ai fêté mes 25 ans en Afrique. Et pour la première fois de ma vie, je me sens parfaitement à ma place là où je suis. Utile au monde, à ma manière. Et bienveillante envers moi. Tout n'est pas devenu rose. Je continue à composer au quotidien avec des gens différents de moi. Mais je ne me sens plus différente. Je ne me sens plus coincée dans mes raisonnements. Je peux confronter ma vision du monde, mes angoisses et mes questions existentielles. Ici, on est beaucoup à les partager.

Bibliographie

CÔTE SOPHIE, *Doué, surdoué, précoce*. Albin Michel, Paris, 2002.

CÔTE SOPHIE, *L'épanouissement de l'enfant doué*. Albin Michel, Paris, 2009.

DE KERMADEC MONIQUE, *L'adulte surdoué. Apprendre à faire simple quand on est compliqué*. Albin Michel, Paris, 2011.

HERRMAN NED, *The creatuve Brain*. Brain books, 1995.

JACOBSEN MARY-ELAONE, *Gifted adult*. Ballantine books, New York, 1999.

KOELTZ BRUNO, *Comment ne pas tout remettre au lendemain*. Odile Jacob, Paris, 2006.

MILLETRE BÉATRICE, *Petit guide à l'usage des gens intelligents qui ne se trouvent pas très doués*. Payot, Paris, 2007.

MILLETRE BÉATRICE, *Petit guide à l'usage des parents qui trouvent à juste titre que leur enfant est doué*. Payot, Paris, 2011.

MILLETRE BÉATRICE, *Réussir grâce à son intuition*. Payot, 2012.

PETITCOLLIN CHRISTEL, *Je pense trop comment canaliser ce mental envahissant*. Guy Trédaniel Editeur, Paris, 2010.

REVOL OLIVIER, *J'ai un ado… mais je me soigne*. JC Lattès, Paris, 2006.

SIAUD-FACCHIN JEANNE, *L'enfant surdoué, l'aider à grandir, l'aider à réussir*. coll. Guides pour s'aider soi-même, Odile Jacob, Paris, 2002.

SIAUD-FACCHIN JEANNE, *Trop intelligent pour être heureux ? L'adulte surdoué*. Odile Jacob, Paris, 2010.

STREZNEWSKI MARYLOU KELLY, *Gifted grown ups*. John Wiley & Sons, Inc., 1999.

WEBB JAMES T., *Misdiagnosis and dual diagnoses of gifted children and adults*. Great Potential Press, Tucson, 2005.

Table des matières

Introduction 7

Chapitre 1 : Vous avez dit « haut potentiel » ? 11
A. Démonter les mythes… 12
   1. Le risque de ce mythe ? 14
B. Une réalité multifacette… 17
   1. L'hyperstimulabilité émotionnelle 19
   2. L'hyperstimulabilité imaginative 25
   3. L'hyperstimulabilité sensorielle ou hyperesthésie 30
   4. L'hyperstimulabilité psychomotrice 32
   5. L'hyperstimulabilité intellectuelle 33
C. Et l'intelligence ? 35

Chapitre 2 : Le diagnostic 43
A. Intérêts d'avoir un diagnostic clair et complet 44
   1. Comprendre son passé 46
   2. Comprendre son présent 49
   3. Oser se faire confiance et retrouver l'estime de soi 49
   4. Oser vivre ses rêves 51
B. Comment diagnostiquer ? 52
   1. L'anamnèse 52
   2. Les tests de QI 52
   3. Bilan qualitatif 61
   4. Les résultats 68
C. Avancer 68

Chapitre 3 : L'enfant à haut potentiel 71
A. Vie familiale 72
   1. L'enfant « *sage* », « *parfait* », suradapté… 72
   2. L'enfant rebelle 75
   3. Et les parents ? 75
B. Vie scolaire 77
   1. Deux profils d'apprentissage 77
   2. Le HP neurogaucher 79
   3. Le HP neurodroitier 80
C. Relations aux autres 83
   1. Le HP qui se suradapte 83
   2. Le HP harcelé 87

  3. Le HP rejeté..89
  4. Le HP qui vit bien les relations aux autres...................................89
 D. Difficultés comportementales..90
 E. Rôle des parents..93
 F. Rôle des enseignants..96
 G. Éducation 103
  1. L'enfant suradapté, perfectionniste..103
  2. Le HP difficile à cadrer 109
  3. Comment mettre des limites à un enfant HP?.............................115
  4. Le couple parental..119
  5. Les services..120
  6. Conseil de famille 121
  7. La famille, une *«parencratie»* 121

Chapitre 4 : L'adolescent à haut potentiel..............123
 A. Difficultés de l'adolescent à haut potentiel 125
  1. Groupe d'appartenance..125
  2. Addictions...129
  3. Problèmes comportementaux en famille 129
  4. Décrochage scolaire 130
  5. Phobie scolaire 133
 B. Comment les aider?...135

Chapitre 5 : L'adulte à haut potentiel.....................139
 A. HP et heureux!...140
 B. Pas toujours facile d'être HP 143
  1. Le HP peut vivre des difficultés relationnelles.............................143
  2. Distraction...145
  3. Manque de confiance en soi..146
  4. Difficultés d'endormissement..149
  5. Imaginer le pire 149
  6. Instabilité?..153
  7. La procrastination...154
 C. Haut potentiel et vie professionnelle 156
  1. Instabilité..157
  2. Intuition 157
  3. Burn-out...158
  4. Harcèlement 160
  5. Trouver du sens 161
 D. Et L'amour? 163
  1. La vie dans un couple HP 164
  2. Couple mixtes: HP/non HP..167
  3. L'adulte à haut potentiel célibataire 167

Chapitre 6 : Haut potentiel et psychopathologie 169
A. Trouble de l'attention avec ou sans hyperactivité (TDAH) 171
B. Trouble de l'humeur (cyclothymie ou bipolarité) 173

Conclusion : Être HP, c'est un cadeau ! 179

Bibliographie 189

Achevé d'imprimer par Corlet Numérique - 14110 Condé-sur-Noireau
N° d'Imprimeur : 131261 - Dépôt légal : août 2016 - *Imprimé en France*